魏 巍 王赞信 著

能源转型
与经济可持续发展

ENERGY TRANSITION
AND SUSTAINABLE ECONOMIC DEVELOPMENT

社会科学文献出版社
SOCIAL SCIENCES ACADEMIC PRESS (CHINA)

序

经济发展离不开能源，化石能源在为中国经济发展提供动力源的同时，也导致环境退化，经验证据表明，过去十几年化石能源使用的快速增加，使得这种环境退化的负外部性给中国经济发展的可持续性带来极大挑战。为调整未来发展道路，中国正积极地推进能源转型，首先，党的十九大报告为中国未来的能源发展指明了新的方向，即"建设美丽中国"，"构建清洁低碳、安全高效的能源体系"；其次，在《巴黎协定》的框架下，中国政府已充分担当起"负责任大国"的角色，为本国设定了能源结构调整和碳减排目标；最后，中国的可再生能源具有强大的发展潜力，这为实现能源转型提供广阔空间。

能源转型是一个长期过程，其对经济系统的影响是持续的。再者，能源转型下经济发展的稳态将发生质变，一个显著特征是由"经济不可持续"稳态转变为"经济可持续"稳态。为研究这种持续性影响，同时观测经济发展稳态的变动，我们需要一套系统的理论去剖析其内在机制，并通过宏观经济模拟开展量化研究。现有研究多聚焦于微观视角或从定性上探究能源转型与经济系统的关系，而国家相关能源政策的制定和调整需要宏观的定量研究。为此，本书将探索能够量化能源转型对经济系统影响的理论和方法，包括探讨能源转型对经济系统的影响机制、能源转型下经济发展的稳态变迁过程和能源转型的经济可持续增长效应。

本书主要包括理论和模拟两个方面的研究内容。理论上，首先，利用要素替代弹性方法并结合能源要素价格的时序特征，分析稳态变迁前后投入要素关系的变动，以探讨能源转型对经济系统的影响机制。其次，基于分岔理论构建能源转型模型，识别经济发展状态发生稳态变迁时所对应的分岔点并探讨分岔点的影响因素，以研究能源转型下经济发展的稳态变迁过程。模拟上，首先，构建一个包含真实储蓄量的 DSGE 模型（动态随机一般均衡模型），分析能源转型的经济可持续增长效应，包括经济可持续性和经济增长两个方面。其次，分别改变模型中的参数开展敏感性分析，以研究能源转型速度、总能耗增长率和单位能耗污染强度等因素对经济可持续增长效应的影响。最后，考虑外部冲击，研究技术进步冲击和税收冲击对经济可持续增长效应的影响在稳态变迁前后的差异。

本书的主要研究结论也从理论和模拟两个方面加以概括。理论研究方面，首先，资本、劳动与能源要素替代弹性在稳态变迁前后的确发生质变，不过依据技术进步的类型不同，变化的程度存在差异。其次，化石能源的使用造成环境退化，环境退化的负外部性使人均消费呈现时序递减趋势，中国经济发展正处于不可持续状态，但随着能源转型的推进，这种不可持续将逐渐减弱并最终逆转。最后，加快发展可再生能源、提高资本产出弹性、降低单位能耗所造成的负外部性和更小的社会贴现率，均加速了中国经济发展由不可持续状态向可持续状态转变的过程。模拟研究方面，首先，真实储蓄量和主要经济变量的变动轨迹在稳态变迁前后发生变化，稳态变迁之前经济发展不可持续但经济是增长的，稳态变迁之后经济发展变为可持续且经济增长势头良好。其次，能源转型下能源均衡价格呈现一个先升后平的变化趋势，同时投入要素之间的关系在稳态变迁前后也发生质变。再次，加快能源转型速度、降低总能耗增长率和单位能耗污染强度均缩短了经济发展由不可持续状态逆转为可持续状态的时间，并促进经济更快增长。最后，相比于稳态变迁之前，稳态变迁之后的技术冲击不仅会促进更大幅度的经济增长，也增强了经济可持续性。类似地，稳态变迁之后的税收冲击对经济系统的影响更小，经济系统更为稳定。

本书第一作者是魏巍，王赞信是魏巍的博士研究生导师，启发并指导魏巍完成本书的研究工作。杨先明、吕昭河、张国胜、赵果庆、汪戎和郭树华等老师为本书的完善提供了宝贵的意见，在此表示万分感谢。

本书的完成与正式出版得到了河南省哲学社会科学规划项目（2021CJJ134）、中国博士后科学基金项目（2020M672182）、国家自然科学基金项目（71763033）、河南省高等学校人文社会科学研究项目（2021－ZZJH－046）、河南省博士后基金项目（201902019）和云南大学"碳达峰与碳中和目标下绿色能源发展机制与对策研究创新团队"项目等经费的支持。

魏　巍

河南大学－黄河文明与可持续发展中心

C目录
CONTENTS

第二篇 能源转型理论研究

第三篇 模拟分析

第一篇

基本介绍

第1章　绪论

一　相关背景概述

能源是经济发展的基础和动力，推动能源转型有助于构建更为高效的绿色能源体系，为中国未来的经济发展增强动力。

首先，党的十九大报告指出，"加快生态文明体制改革，建设美丽中国"。具体而言，"构建市场导向的绿色技术创新体系，发展绿色金融，壮大节能环保产业、清洁生产产业、清洁能源产业。推进能源生产和消费革命，构建清洁低碳、安全高效的能源体系"。这为中国的能源体系变革指明了方向，即随着中国的经济发展进入新常态，发展驱动力需从高能耗、高污染的传统化石能源转为高效率的清洁可再生能源。此外，传统化石能源在一次能源中占比过高和部分传统化石能源的产能过剩已不适应于当前中国的经济发展。

其次，可持续发展是中国未来的经济发展之路，也是国际社会普遍认同的未来经济发展道路。过去十几年中国高速的经济增长伴随着严重的环境退化问题，这种环境退化的负外部性使得中国过去的经济发展道路是不可持续的。化石能源的使用是造成这种负外部性的根源。虽然经济增长离不开能源，但能源转型可以逐步降低化石能源的使用占比，减弱其负外部性。

经验证据表明，中国过去的经济发展道路的确是不可持续的。在经济学理论中，学者们引入经济可持续性概念来阐述可持续发展，经济可持续性指经济系统既满足当期消费水平，同时又不降低未来的消费水平（Basiago，1999）。一般而言，国际上衡量经济可持续性的权威指标为真实储蓄量（Vincent，2001；Ferreira and Vincent，2005）①，真实储蓄量时序非减即意味着经济具有可持续性。依据世界银行公布的中国真实储蓄量，结合中国物价和人民币兑美元汇率可计算出不变价格下中国的历年真实储蓄量（以 2000 年为基期），同时也可计算出真实储蓄量的年变化率，如图 1-1 所示。从绝对量上来看，中国的真实储蓄量时序在 2007 年之前一直保持递增趋势，但 2007 年之后，一些年份的真实储蓄量较上年有所下降，特别是近 5 年来，这种递减的特征表现得更为明显。从真实储蓄量的年变化率来看，真实储蓄量的上涨幅度逐渐减小，近年来甚至出现负增长。事实上，近些年中国经济保持着中高速增长的同时，环境污染问题也日益严重，包含环境效应净值的真实储蓄量在近些年呈现负增长也就不足为奇了。

能源转型会逐步降低化石能源占总能源消耗的比重，减少污染物排放和碳排放，从而显著降低能源使用所带来的负外部性。特别是碳减排问题，它已成为一个全球性问题，关乎着整个人类社会的未来发展。2015 年 12 月，巴黎气候变化大会通过了《巴黎协定》，该协定确立了 2020 年后以国家自主贡献为主体的国际应对气候变化机制安排；2016 年 9 月，中国加入《巴黎协定》，成为第 23 个缔约方；2016 年 11 月，随着缔约方达到 55 个国家且各国递交文书均超过 30 天，时任联合国秘书长潘基文宣布《巴黎协定》正式生效。在《巴黎协定》框架下，中国政府已充分担当起"负责任大国"的角色，自主设定了能源

---

① 为什么选择真实储蓄量作为衡量经济可持续性的指标，而不是直接使用人均消费来度量？关于这一问题的解释，将在下文的相关概念界定中详细说明。

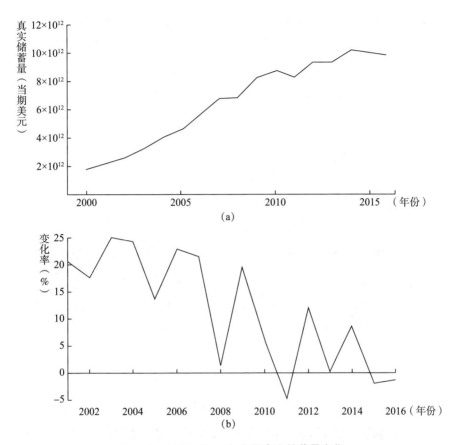

图 1 - 1　2000～2016 年中国真实储蓄量变化

资料来源：世界银行公开数据。

结构调整和碳减排目标：到 2030 年非化石能源占一次能源消费比重达到 20% 左右；于 2030 年前后达到二氧化碳排放量的峰值并争取尽早达峰，单位国内生产总值二氧化碳排放比 2005 年下降 60%～65%。

最后，可再生能源具有巨大的发展潜力，有望进一步扩大使用范围，推进能源转型是可行的。

依据国际能源署（International Energy Agency，IEA）发布的《世界能源展望 2020》，中国不仅拥有世界上最大的可再生能源市场，而且可再生能源发展迅速。以电力市场为例，2020 年总电力容量（electricity capacity）已达2200GW，其中源自可再生能源的电力容量约占40%（如图1-2所示）；预计到2040年，总电力容量将上升至3188GW，源自化石能的电力容量将缩减至39%，源自可再生能源的电力容量将上涨到约56%，其中，水能、风能和光能的比重均突破15%。

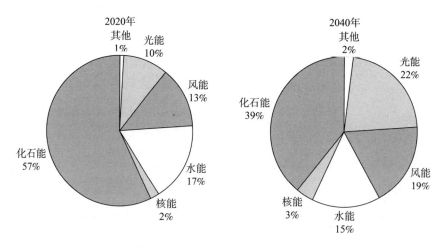

图1-2　中国可再生能源发展潜力

资料来源：《世界能源展望2020》。

总结而言，能源转型是中国未来经济发展的需要，与可持续发展道路一脉相承，同时可再生能源具有巨大的发展潜力。在这一背景下，能源转型的相关研究已成为一个热点，但目前能源转型过程对经济系统的影响研究却依然停留在定性分析阶段。由于能源转型是一个长期过程，能源转型对经济系统的影响也将是长期的。已有定性研究无法满足现阶段需求，主要体现在：国家调整或设计相关政策需要量化能源转型过程对经济系统所造成的影响，但已有的能源转型理论缺乏相应的量化分析能力。为弥补这一不足，需要探索能够量化能源转型对经济系统影响的理论和方法，包括研究能源转型对经济系统的影响机制、能源转型下经济发展的稳态变迁过程和能源转型的经济可持续增长效应。

二　研究范围与关键科学问题

（一）本书的研究范围

能源转型与经济系统的关系是非常复杂的，可研究的问题也很多，因此这里需明确本书的研究范围。

第一，能源转型是一个过程，可再生能源的使用达到一定范围后，经济发展会发生稳态变迁（经济发展由不可持续状态转变为可持续状态）。故本书是基于稳态变迁视角，研究能源转型对经济可持续性和经济增长的影响。

第二，在模拟研究能源转型对经济可持续性和经济增长影响的过程中，本书选取学术界最具影响力的可持续性测度指标——真实储蓄量作为衡量经济可持续性的指标。

第三，本书主要探讨能源转型对经济系统造成的影响。具体而言，将真实储蓄量核算纳入 DSGE 模型，依据现实经济数据对模型的相关参数进行校准，利用该模型研究能源转型对经济可持续性和经济增长的影响。

（二）关键科学问题

结合相关背景概述和研究范围，本书将主要回答以下三个关键科学问题。

第一，能源转型影响经济系统的机制是什么？

在能源转型过程中，化石能源将被可再生能源逐步替代，可再生能源的份额相应增加。在这一替换过程中，能源要素与劳动、资本要素的关系是否会发生改变呢？理论上，随着能源转型的推进，能源要素的价格趋势会发生改变，这种变化将改变要素之间的关系。

要素之间关系的变化最终会导致要素的重新配置，对经济发展产生影响。本书通过理论分析，研究能源转型过程中能源要素与劳动、资本要素之间的替代（互补）关系变化，以及这些变化如何影响系统的经济可持续性。

第二，经济发展由不可持续稳态向可持续稳态发生变迁时，相对应的能源转型分岔点在哪里？

结合中国实际数据，我们发现当前经济发展处于不可持续状态，而理论上，能源转型会逐渐改变经济的不可持续性。因此，能源转型过程中应该存在一个分岔点，在能源转型未抵达该分岔点的时段和能源转型突破该分岔点之后的时段，能源转型对经济系统的影响是有差异的。因为在抵达分岔点之前，能源体系中化石能源占优，而在抵达分岔点之后，则转变为可再生能源占优。这两类能源体系对经济系统的影响必然存在差异，特别是对经济可持续性的影响存在差异。具体而言，当能源体系为可再生能源占优时，能源使用所带来的负外部性将极大地被削弱，进而对经济系统的影响也相应变小，经济可持续性明显增强；反之，在化石能源占优的能源体系下，经济可持续性可能是减弱的。

遵循这一逻辑，本书需要构建合适的经济模型并结合现实经济数据，识别出能源转型的分岔点。此外，分岔点是能源转型过程中的重要位点，它也是研究能源转型的经济可持续增长效应的前置条件。

第三，如何量化能源转型的经济可持续增长效应？

此效应包括两个方面：能源转型对经济可持续性的影响和能源转型对经济增长的影响。一方面，环境污染问题的主要源头之一是化石能源的使用，而推进能源转型将有助于降低化石能源的消耗量。随着化石能源份额的下降，经济可持续性必然发生变化。因此，中国的能源转型过程中必然存在一个特殊点，一旦能源转型突破这一特殊点，中国的经济发展将由不可持续状态转变为可持续状态。进一步，本书将具体地分析能源转型如何影响经济可持续性的变化：若经济发展处于不可持续状态，能源转型如何影响它的不可持续性；若经济发展处于可持续状态，能源转型又如何影响它的可持续性。另一方面，能源转型也会对经济增长产生影响，本书将分别探讨经济发展处于不可持续状态和可持续状态下能源转型如何影响经济增长。关于这一方面的分析，不仅要观察能源转型对总产出的影响，还需分析能源转型对要素投入量及其价格的影响。

为此，本书将构建一个包含能源转型与真实储蓄量的 DSGE 模型，以研究各主要经济变量的均衡轨迹变化。理论上，每一个能源转型进度均对应着一组经济变量的均衡值，包括真实储蓄量、总产出、要素投入量及其价格等变量，借助已校准的 DSGE 模型，可计算出任意能源转型进度下各经济变量的均衡值，进而分析能源转型对上述两方面的影响。此外，通过改变一些可观测且可调控的参数，并计算参数发生改变后各经济变量的均衡值，可分析它们对能源转型的经济可持续增长效应的影响。

概而言之，本书将从理论上探讨能源转型对经济系统的影响机制并识别分岔点及其影响因素，同时模拟量化能源转型的经济可持续增长效应。

三　理论与现实意义

本书具有一定的理论与现实意义，主要体现在以下三个方面。

第一，实现绿色发展目标的需要。

在应对全球气候变暖的背景下，低碳经济已成为世界经济发展的大趋势。作为目前世界上温室气体年排放量最大的国家，中国于

2016 年 9 月正式成为《巴黎协定》的缔约方，碳减排问题日益受到重视。传统化石能源在使用过程中会排放各种污染物，对环境造成负面影响。碳减排和降低污染物排放是绿色发展的目标之一，推进能源转型有助于这一目标的实现。

第二，中国实施能源安全战略的需要。

中国是能源需求大国，2019 年能源消费总量超过 3230 百万吨油当量；2019 年中国原油对外依存度达到 72%，国际市场原油价格波动势必影响中国的能源安全。不同于化石能源，可再生能源的发展潜力巨大，而且中国自身具备攻克相应技术难题的能力。在能源安全与中国未来发展密切相关的背景下，推进能源转型符合中国实施能源安全战略的需要。

第三，丰富能源转型经济学理论的需要。

首先，推进能源转型必然会对经济系统产生影响，定性分析只能从文字上描述这种影响的存在性，却无法具体研究能源转型是如何影响经济系统的。本书构建数理模型，结合中国现实经济数据对相关参数进行校准，进而分析能源转型对经济可持续性和经济增长的影响。其次，能源转型之所以影响经济系统，在于它可能改变要素之间的关系。本书故利用数理经济学分析方法探讨能源转型下能源要素与劳动、资本要素的替代（互补）关系变动，有助于认知能源转型对经济系统的影响机制。最后，能源转型过程中存在一个特殊点，若能源转型突破这一特殊点，经济发展将从不可持续状态转变为可持续状态①。这种状态的变化也称为"稳态变迁"（regime shift），关于这

①　这种转变是多种因素共同作用的结果，这些因素包括技术、政治和经济结构等。识别这个特殊点，必须选择一个可观测变量和围绕着这个变量的相关国际公认标准，考虑到本书的核心任务是分析能源转型的经济可持续增长效应，故这里选择经济可持续性作为识别这一特殊点的变量。具体而言，若将经济可持续性作为识别能源转型特殊点的变量，那么能源转型未抵达该特殊点时，经济发展是不可持续的；反之，若能源转型突破特殊点，则经济发展是可持续的。

一概念的解释将在后文给出。识别该特殊点具有很强的经济学含义，如改变模型中的基准参数（基准参数基于中国具体相关数据来设定）以分析这种改变对特殊点位置的影响，这种分析可为政策设计和调整提供指导。总结而言，以往研究未考虑能源转型会改变经济系统的稳态，也未能设计合适的经济模型量化能源转型对经济可持续性和经济增长所造成的影响，本书将弥补这一不足，进而丰富能源转型经济学理论。

四　方法介绍与创新点

本书涉及的研究方法主要包括以下四种。一是文献归纳法，对前人的相关研究进行归纳和整理。二是数学建模法，探讨能源转型下投入要素关系的变化、能源转型与经济系统的数量关系时均使用这种方法。三是分岔理论与动态优化理论，基于分岔理论和动态优化理论构造社会福利函数和约束方程，并利用汉密尔顿函数求解人均消费的时间路径，在哈特维克准则下识别能源转型的分岔点。四是数值模拟法，首先，结合现实经济数据对 DSGE 模型中的各参数进行校准，求解出基准参数下各经济变量的均衡值；其次，改变参数或者考虑冲击，借助数值模拟的方式分析这些变化对能源转型的经济可持续增长效应的影响。

主要创新点如下。第一，视角上创新，基于稳态变迁理论和分岔理论研究能源转型是一种新视角，它为识别能源转型的分岔点和量化能源转型对经济系统所造成的影响提供了可能。第二，内容上创新，主要包含两点：本书丰富了能源转型背景下投入要素关系理论和能源转型分岔点识别理论；本书结合一般性规律和中国国情，构建包含能源转型进度和真实储蓄量的 DSGE 模型，有效量化了能源转型的经济可持续增长效应并进行相关敏感性分析。第三，方法上创新，体现在两个方面：一是新方法的应用，本书引入分岔理论和稳态转变理论，分析了能源转型对经济可持续性的影响机制；二是新方法的构建，为量化研究能源转型的经济可持续增长效应，本书构建了包含能源转型进度与真实储蓄量的 DSGE 模型。

五　研究内容

依据本书的研究问题，研究内容主要包括以下五个部分。

第一部分：能源转型历史变迁与中国能源现状。

首先，对能源转型的历史变迁进行梳理，总结出能源转型的基本规律。结合代表性国家的能源转型结构变动数据，对这些国家能源转型的特征进行归纳，得出能源转型的基本规律。

其次，分析中国能源的发展现状，对中国新一轮的能源转型进行归纳，并明确中国能源转型与中国经济发展的关系。

第二部分：稳态变迁前后能源要素与其他要素的关系研究。

要素替代弹性的概念最初由 Hicks 于 1932 年在《工资理论》中提出，以刻画要素之间替代关系的变化（Hicks，1932）；随后，Robinson 给出一种更为实用且流行的定义：在既定产出不变的条件下，要素替代弹性等于两种要素比率的百分比变化除以边际产量比率的百分比变化（Robinson，1933）。首先，本书将遵循 Robinson（1933）给出的要素替代弹性定义，推导出基于成本函数形式的要素替代弹性计算公式。

其次，探讨能源价格在能源转型过程中的变化趋势。依据能源转型可能对能源价格造成的影响，本书将能源转型下的能源价格变动趋势分为三种类型。

最后，考虑技术进步类型，结合要素替代弹性的表达式和可能的能源价格变动趋势，研究稳态变迁前后能源要素与劳动、资本要素之间关系的变化。

第三部分：能源转型与经济可持续发展理论研究。

经济发展的稳态变迁与能源转型的分岔点密切相关，能源转型突破分岔点之后，经济发展实现由不可持续状态向可持续状态的变迁。因此，能源转型分岔点的识别是基于经济发展状态变迁来确定的，即在分岔点左侧经济发展不具有可持续性，而在分岔点右侧经济发展具有可持续性。在这一部分中，首先介绍分岔理论，为下文做相应铺垫。

其次，基于分岔理论构建能源转型经济模型。该模型包含总福利函数、资本存量的动态方程、能源存量的动态方程，通过构建汉密尔顿函数求解出人均消费的最优时间路径。在构建基于分岔理论的能源转型经济模型过程中，分四种情景来确定人均消费的最优时间路径，这四种情景分别为：负外部性和能源转型均不存在；负外部性存在但能源转型不存在；负外部性和能源转型均存在；能源转型经济模型的深化（考虑能源转型正外部性影响）。

再次，利用所构建的能源转型经济模型，探讨能源转型下的霍特林规则是否改变。基于哈特维克准则，区分不可持续和可持续两种发展状态，为下文识别能源转型分岔点做好准备。

最后，结合现实经济数据对所构建的能源转型经济模型中的相关参数进行校准，识别能源转型的分岔点。分别改变资本产出弹性、能源产出弹性、单位能耗的负外部性和社会贴现率等参数值，探究这些参数值的变化对能源转型分岔点的影响。

第四部分：能源转型与经济系统的数理关系研究。

在本部分中，首先，将真实储蓄量纳入 DSGE 模型，包括居民部门、中间产品部门、最终产品部门和真实储蓄量核算四个模块。其次，结合已有学术研究和相关中国经济数据，对 DSGE 模型中的相关参数进行校准并解释各参数的经济学含义。本部分所构建的

DSGE 模型适用于后文能源转型的经济可持续增长效应模拟分析。

第五部分：能源转型的经济可持续增长效应模拟研究。

基于分岔理论所构建的能源转型经济模型已识别出能源转型过程中的确存在一个分岔点，能源转型在突破该点后经济发展状态发生稳态变迁，经济发展由不可持续状态变迁为可持续状态。然而，理论分析只识别出能源转型的分岔点和研究了经济发展的稳态变迁过程，却未分析能源转型对经济可持续增长的影响。后续的工作将基于能源转型下 DSGE 模型的模拟分析来完成，主要包括以下三个方面。

第一，能源转型对可持续性、经济增长的影响。该方面的研究主要包含三个子方面：稳态变迁前后经济可持续性的变化、能源转型的经济可持续增长效应和能源转型下能源均衡价格的变动。

第二，敏感性分析，即参数变动对能源转型的经济可持续增长效应的影响。本书 DSGE 模型中的一些参数是可观测且可调控的，研究这些参数的变化对能源转型的经济可持续增长效应的影响，可为政府制定相关政策提供指导。这些参数主要包括：能源转型速度、能耗强度和单位能耗的碳排放强度。

第三，外部冲击的影响研究，即稳态变迁前后，外部冲击对经济可持续增长效应的影响差异。理论上，由于稳态变迁前后所对应的要素关系有所不同，当外部冲击发生时，经济系统的响应必然存在差异，外部冲击对经济可持续增长效应的影响在稳态变迁前后也必然不同。因此，有必要探讨稳态变迁前后外部冲击对经济可持续增长效应的影响差异，这里主要分析两类冲击——技术冲击和税收冲击，其中技术冲击属于永久性冲击，税收冲击属于短暂性冲击。

第 2 章　相关概念辨析

本书涉及能源转型、稳态变迁和经济可持续增长效应等概念，为避免读者误解，这里将用一章的篇幅来辨析它们。

一　能源转型

能源转型是指能源体系的基本结构发生改变，同时能源转型会因为动机和目标的不同而存在差异（WEC，2014）。依据世界能源理事会（World Energy Council，WEC）的定义，能源体系的基本结构变化主要为能源消费结构的变化，本书中所指的能源消费结构即为不同类型能源消费占总能源消费的比重。历史上，能源体系已发生过数次消费结构的变化①，但本书所探讨的能源转型指新一轮的能源转型②，即能源体系由化石能源占优转变为可再生能源占优的过程。

不同于以往的能源转型，新一轮的能源转型是在全球气候变暖、环境污染日益严重和化石能源逐渐耗竭的背景下由政府驱动的③。事

①　关于能源转型的历史变迁，将在后文详细说明。
②　后文中若无特殊说明，能源转型即为新一轮的能源转型。
③　全球气候变暖问题已变得越发严重，随着《巴黎协定》的生效，推进能源体系由化石能源占优向可再生能源占优已得到各国的广泛认同。然而，单纯依靠能源转型的内生力量，这种推进速度将非常缓慢，推进能源转型的主要驱动力来源于政府。

实上，历史上的每一次能源转型均持续一个世纪或者更久，但在当前背景下推进新一轮的能源转型已刻不容缓，它亟须提速（Solomon and Krishna，2011）。因此，新一轮能源转型的主要目标是解决全球气候变暖和环境污染问题。

此外，能源转型是一个过程，因此需要一个指标来衡量这一过程的进度。在当前的能源消费结构中，主要包括石油、煤炭、天然气、水能、风能、太阳能、地热能等，其中石油、煤炭和天然气为化石能源，水能、风能、太阳能、地热能为可再生能源。本书旨在构建合适的经济模型并量化分析能源转型对经济系统的影响，因此能源消费结构只按大类进行划分，即划分为两种能源：化石能源和可再生能源。在此基础上，选择可再生能源占总能源消费的比重作为衡量能源转型过程的指标，命名为"能源转型进度"，这个指标越大，意味着可再生能源比重越高。

二 稳态变迁

本书关于稳态变迁的概念主要包括两个方面：第一，稳态变迁本身；第二，套用至能源转型上，解释什么是能源转型的分岔点和分岔线。

（一）稳态变迁

稳态变迁是指由于内部变革或者外部冲击的影响，一个系统的前后特征发生质变（Scheffer et al.，2001）。关于稳态变迁更为详细的阐述将放到文献综述部分。对于经济系统而言，当能源转型达到一定程度，该系统就可能会出现稳态变迁。具体而言，随着能源转型的推进并突破一个特殊点，经济发展将由一种不可持续状态转变为可持续状态，这两种状态下经济特征发生了质变。中国真实储蓄量的变化趋势表明当前中国的经济发展处于不可持续状态，理论上能源转型的推进有助于环境质量的改善，进而将时序递减的变化趋势逆转为时序非减的变化趋势，最终使经济发展变为可持续的。

因此，本书所研究的稳态变迁为：能源转型进度达到并突破一个特殊点，经济发展将由之前的不可持续状态转变为可持续状态。

（二）能源转型的分岔点和分岔线

依据本书的设定，能源转型进度表示可再生能源占总能耗的比重，这个指标的取值范围在 0 和 1 之间。上文对稳态变迁进行概念界定时，提到"特殊点"这个词语，由于它将经济发展分割为两种状态，因此我们将这个特殊点命名为能源转型的分岔点。

能源转型的分岔点具有以下两个特性。

首先，能源转型的分岔点是一个特殊的能源转型进度值，介于 0 和 1 之间。不过，它的取值不是任意的，而是利用包含现实信息参数的经济模型计算得到的；若不改变这些基准参数值，能源转型的分岔点是固定的。

其次，能源转型的分岔点所具有的经济学含义：在可再生能源份额达到该值之前，经济发展是不可持续的；在可再生能源份额突破该值之后，经济发展变为可持续的。

在现实经济中，能源转型进度可能在取值范围内的任意位置停滞（所谓能源转型停滞即可再生能源份额在一段时间内不变）。基于本书构建的模型，可以分析能源转型进度停滞在任意位置的情形，但这种分析不具有经济学含义。对政府决策者而言，当能源转型分岔点已知时，他们更关心一个问题：若能源转型进度停止在分岔点处，经济系统会发生何种变化？（或者，能源转型抵达分岔点处后，能源转型的速度相对放缓，经济系统会发生何种变化？）为了研究这个问题，本书设计了一个实验组：能源转型进度在分岔点的左侧时按着基准速度推进，而抵达分岔点之后，能源转型停滞①。

为便于后文的表述，令能源转型分岔点所对应的时刻线为能源转型的分岔线。设计了一个实验组之后，能源转型对经济系统的影响会出现"分岔"现象。具体而言，能源转型进度抵达能源转型分岔线时，能源转型面临两种情形：能源转型突破的分岔点（简称"突破"情形）和能源转型在分岔点处停滞（简称"未突破"情形）。两种情形下经济变量的轨迹在分岔线的左侧是重合的，但在分岔线的右侧对应着两条曲线，这种现象称作"分岔"现象。

三 经济可持续增长效应

经济可持续增长效应即能源转型的经济可持续增长效应，它度量能源转型对经济系统的影响，主要包含两方面内容：第一，能源转型对经济可持续性的影响；第二，能源转型对经济增长的影响。

（一）能源转型对经济可持续性的影响

经济可持续性通过真实储蓄量来反映，若真实储蓄量呈现正增长或者不变（即真实储蓄量时序上是非减的），那么经济是具有可持续性的（Ferreira and Vincent，2005）；反之，若真实储蓄量时序递减，则经济不具有可持续性。为了更清晰地分析能源转型对经济可持续性的影响，这里需要对能源转型下的真实储蓄量做进一步研究。具体而言，分为以下两点。

1. 当经济处于不可持续状态（真实储蓄量在时序上递减）时，

---

① 实验组情形也可设计为能源转型进度抵达分岔点之前保持基准速度变化，抵达分岔点之后，按一个比基准速度更小的速度推进。为了观察极端情形下的影响，这里使用能源转型停滞情形。

若真实储蓄量的变化率①逐渐增大，意味着经济的不可持续性变得更强；反之，若真实储蓄量的变化率逐渐减小，意味着经济的不可持续性逐渐变弱。

2. 当经济处于可持续状态（真实储蓄量在时序上非减）时，若真实储蓄量的变化率逐渐增大，表示经济的可持续性逐渐增强；反之，若真实储蓄量的变化率逐渐减小，表示经济的可持续性逐渐变弱。

通过观察能源转型下真实储蓄量的变化趋势，可判断经济是否具有可持续性；通过计算真实储蓄量的变化率，可判断经济可持续性（或经济不可持续性）是否增强。遵循这种分析逻辑，可研究能源转型对经济可持续性造成的具体影响。

（二）能源转型对经济增长的影响

经济增长通过总产出变量来反映，类似于上文对经济可持续性的阐述。首先，若总产出时序上是递增的，意味着经济是增长的；反之，则表示经济是衰退的。然后，利用总产出的变化率来分析经济增长（衰退）的势头变化，以经济增长为例，若总产出的变化率变大，表示经济增长势头增强；反之，则表示经济增长势头减弱。

在研究能源转型影响总产出变动的过程中，本书也将同时分析能源转型对投入要素关系和要素价格的影响。因为能源转型之所以改变总产出是基于一个重要的经济逻辑：能源转型改变了投入要素之间的关系，进而重新配置各要素的投入量和改变要素价格，最终影响总产出。此外，能源转型也将改善环境质量，缩小实际产出与潜在产出之间的距离。环境污染会对生产过程造成负面影响，一个突出体现是环境污染会降低生产效率，即在相同的要素投入和技术

---

① 真实储蓄量的变化率等于真实储蓄量的当期值减去上期值，然后再除以上期值。

水平下，总产出会下降（Annicchiarico and Di Dio，2015）。为区分两类产出，令不存在环境污染背景下的总产出为潜在产出，而存在环境污染背景下的总产出即为实际产出。因此，本书也将探讨能源转型下环境效应净值（环境污染所造成的损失）的变动，它衡量了潜在产出与实际产出之差。

第3章　相关文献脉络与述评

文献研究是后续研究的基石，结合本书内容，所需梳理的相关文献主要涵盖能源转型与经济可持续发展的关系、能源转型与经济可持续性的关系、能源转型理论、稳态变迁理论与分岔理论、能源转型的经济影响和能源转型的国际经验等方面。

一　能源转型与经济可持续发展的关系

新一轮能源转型是经济可持续发展的重要组成部分，能源体系由化石能源占优转型为可再生能源占优是推进经济可持续发展的决定性步骤。结合党的十九大报告对能源转型的规划，以及经济可持续发展的内涵，这里从能源转型与碳减排、能源转型与经济增长和能源转型与能源安全之间的关系三个子方面来分别梳理相关文献。

（一）能源转型与碳减排之间的关系

碳减排和环境质量改善是经济可持续发展的重要组成部分，它们与构建清洁低碳的能源体系密切相关，推动能源转型有助于降低碳排放量和减轻能源体系对环境造成的负面影响。能源转型是一个可再生能源逐渐替代化石能源的过程，当前的气候变暖问题已成为

21 世纪威胁全球经济安全和社会稳定的主要威胁之一（Fouquet and Pearson，2012），降低化石能源在总能耗中的比重有助于降低单位 GDP 的碳排放量（Sovacool，2017）。依据《2020 年全球碳预算》（*Global Carbon Budget 2020*）的数据，中国 2019 年碳排放量为 98.6 亿吨，约占世界碳排放总量的 28.8%。不过，随着中国政府日益关注环境治理和碳减排问题，努力推动可再生能源发展（当前中国的水电、风电和光电装机规模已位列世界第一），碳排放量增长速度逐渐放缓并有望早于 2030 年抵达碳排放量峰值（林伯强、李江龙，2015）。

（二）能源转型与经济增长之间的关系

经济可持续发展建立在经济增长的基础上，推进能源转型的过程会对经济增长产生何种影响？可再生能源消费与经济增长之间的关系可归类为四种假说：增长假说（Growth Hypothesis）、环保假说（Conservation Hypothesis）、回馈假说（Feedback Hypothesis）和中性假说（Neutrality Hypothesis）。增长假说是指可再生能源消费对经济增长产生单向因果关系，环保假说是指经济增长对可再生能源消费产生单向因果关系，回馈假说是指可再生能源消费与经济增长互为因果关系，中性假说是指可再生能源消费与经济增长无因果关系（Ocal and Aslan，2013）。围绕着这四种假说，国内外学者做了大量相关研究，这里对他们的研究结论进行总结并归纳到表 3 - 1 中。

结合表 3 - 1，对以往的研究进一步梳理。

首先，关于支持增长假说的研究中，绝大部分学者认为发展可再生能源有助于经济增长，一些学者则认为增加可再生能源至少对经济增长是无害的（Inglesi-Lotz，2016）。不过，发展可再生能源对经济增长产生正效应这一结论更适用于低能源消费强度且高人均 GDP 的国家。此外，一些学者在验证增长假说时做了更为细致的研究，如考虑经济复杂性①（Gozgor et al.，2018）、单独研究生物质能（Payne，2011）和分产业部门进行研究（Bowden and Payne，2010），前两项研究均支持发展可再生能源有利于经济增长，后一项研究表明只有居民可再生能源消费对真实 GDP 会产生正效应。

其次，关于支持回馈假说的研究中，所有学者均认可增加可再生能源消费有助于经济增长。其中，部分研究给出更为量化的结论：基于德国 1971 年第一季度至 2013 年第四季度的数据，发现可再生能源消费每增加 1%，经济增长 0.1294%（Rafindadi and Ozturk，2017）；基于 1985~2005 年 20 个 OECD 国家的数据，发现可再生能源消费增加 1%，真实 GDP 上升 0.76%（Apergis and Payne，2010a）。

再次，关于支持环保假说的研究中，学者们均认可经济增长会拉动可再生能源消费。从量化研究来看，一类基于 1998~2008 年 18 个新兴国家的数据，发现真实收入上升 1% 会增加 3.5% 的可再生能源消费（Sadorsky，2009）；另一类将能源细分，发现总产出增长决定水能、太阳能、风能的消费，但不影响天然气、木材的消费（Sari et al.，2008）。

表 3-1　可再生能源消费与经济增长关系四种假说的相关研究

作者（年份）	数据说明	研究方法	支持假说
Cai 等（2018）	G7 国家（1965~2015 年）	ARDL 法	增长假说
Gozgor 等（2018）	29 个 OECD 国家（1990~2013 年）	ARDL 法和 PQR 法	增长假说
齐绍洲、李杨（2018）	欧盟 28 个国家（1994~2014 年）	面板门槛效应	增长假说
Alper 和 Oguz（2016）	欧盟国家数据（1990~2009 年）	非对称因果检验和 ARDL 法	增长假说

---

① 经济复杂性（economic complexity）用于衡量经济体生产高附加值产品的能力。

续表

作者（年份）	数据说明	研究方法	支持假说
Destek（2016）	新兴工业化国家（1971～2011 年）	非对称因果检验	增长假说
Bhattacharya 等（2016）	全球前 38 个高 RECA 指数国家（1991～2012 年）	面板数据回归	增长假说
Inglesi-Lotz（2016）	所有 OECD 国家（1990～2010 年）	面板数据回归	增长假说
Payne（2011）	美国（1949～2007 年），探讨生物质能	TYLRC 检验	增长假说
Bowden 和 Payne（2010）	美国（1949～2006 年），分产业部门	TYLRC 检验	增长假说
Abdelbaki 和 Sana（2017）	突尼斯（1990～2015 年）	ARDL 法	回馈假说
Rafindadi 和 Ozturk（2017）	德国（1971 年第一季度至 2013 年第四季度）	CMRDSB 检验、BH 联合协整检验和 ARDL 法	回馈假说
Lin 和 Moubarak（2014）	中国（1977～2011 年）	ARDL 法	回馈假说
Apergis 和 Payne（2010a）	20 个 OECD 国家（1985～2005 年）	异质面板协整检验误差修正模型	回馈假说
Apergis 和 Payne（2010b）	欧亚大陆 13 个国家（1992～2007 年）	异质面板协整检验误差修正模型	回馈假说
Balcilar 等（2018）	G7 国家（1960～2015 年）	HD 方法	环保假说
Sadorsky（2009）	18 个新兴国家（1998～2008 年）	面板协整和误差修正模型	环保假说
Sari 等（2008）	美国（2001 年 1 月至 2005 年 6 月），分能源	ARDL 法	环保假说
Bowden 和 Payne（2010）	美国（1949～2006 年），分产业部门	TYLRC 检验	中性假说
Destek（2016）	新兴工业化国家（1971～2011 年）	非对称因果检验	中性假说

注：ARDL（Autoregressive Distributed Lag）；PQR（Panel Quantile Regression）；TYLRC（Toda-Yamamoto Long-Run Causality）；CMRDSB（Clemente-Montanes-Reyes Detrended Structural Break）；BH 联合协整（Bayer-Hanck Combined Cointegration）；RECA 指数（Energy Country Attractiveness Index）；HD（Historical Decomposition）。

最后，支持中性假说的研究主要有两个视角：第一个视角是从国别角度进行研究，基于巴西和马来西亚 1971～2011 年的数据，发

现可再生能源消费与经济增长无明显关系（Destek，2016）；第二个
视角是基于分产业部门，结合美国 1949～2006 年的数据，发现商业
和工业的可再生能源消费与经济增长无明显关系（Bowden and Payne，
2010）。此外，围绕着四种假说的研究，一些学者探讨发展可再生能
源与经济效率和就业的关系，研究发现：增加可再生能源消费有助
于提升经济效率（Halkos and Tzeremes，2013）；发展可再生能源将
提高失业率（Apergis and Salim，2015）。

总结而言，为什么关于发展可再生能源与经济增长的关系研究
会同时存在四种结论？模型的设定、数据特征、估计方法和国家的
发展水平会影响作者的结论，进而支持不同假说（Sebri，2015）。

（三）能源转型与能源安全之间的关系

能源安全是经济可持续发展的有机构成部分，那么推动新一轮
的能源转型是否有助于提升能源安全？依据世界能源委员会对能源
安全的定义，国家应拥有满足当前和未来能源需求的能力，同时在
一次能源供给上具有自主权。

理论上，基于宏观经济学视角的分析，这里存在一个极具诱惑
力的结论：能源体系向可再生能源转型将逐渐终结化石能源的地理
政治学（Geopolitics of Fossil Fuels）。该地理政治学涉及化石能源供
给者和消费者之间的关系，对于在化石能源市场上缺乏市场势力的
国家而言，确保本国的能源安全是一件困难的事情（Guivarch and
Monjon，2017；Hache，2018），如果能源转型终结这种地理政治学，
这些国家的能源安全水平将得到提升（La Viña et al.，2018）。在实
证上，一些学者设计不同方法（HH 指数，Herfindahl-Hirshman In-
dex；SN 指数，Shannon Index；ES 指数，Energy Security Index）以量
化能源安全水平，结合英国（Cox，2018）、欧盟（Radovanović et
al.，2017）、爱尔兰（Glynn et al.，2017）、德国和丹麦（Mundaca

et al.，2018）的相关能源数据，发现推进可再生能源发展有助于提升国家的能源安全水平。

关于能源转型和能源安全的关系也存在另外一种新观点：能源体系向可再生能源转型，将可能使得未来的能源安全问题更加复杂（Hache，2018）。新能源的发展离不开支持能源转型的技术和充裕的关键原材料（critical raw materials，CRM）供给量。依据欧盟发布的2018 年版《关键原材料及循环经济报告》（*Report on Critical Raw Materials and the Circular Economy*），发展风能和太阳能分别与两类金属相关，前者离不开钕、镝、铽等金属，后者则需要保证镉、铟、镓等金属的供给（EU，2018）。随着能源转型的推进，对能源转型技术和关键原材料的掌控将可能成为未来国际气候治理谈判的重要砝码，能源安全问题将不再局限于能源，还将涉及其他方面（Hache，2018）。基于这一新观点的研究是有意义的，但由于它跨越多个学科，本书研究过程中暂未考虑。

中国是世界上化石能源消费量最大和石油对外依存度最高的国家之一，2019 年中国原油对外依存度已达到72%（中国石油经济技术研究院，2020），因此能源安全问题一直是热点研究问题（Duan and Wang，2018）。中国出台相关政策并推进能源转型有助于削弱经济发展对化石能源的依赖，提升国家能源安全水平（Wang et al.，2018；Yao and Chang，2015）。

二　能源转型与经济可持续性的关系

在经济学中，引入"经济可持续性"概念来描述经济可持续性发展，所谓经济可持续性，即社会经济福利不会随着时间而递减（UNGA，1987）。本节首先对经济可持续性的含义进行界定，然后阐明评估经济可持续性的两种视角及其联系。

（一）经济可持续性的含义

经济可持续性具有"强可持续性"和"弱可持续性"两种含义，从理论框架基础来看，前者的理论偏向生态学，后者的理论偏向经济学。这两种可持续性的主要区别在于：第一，强可持续性否认自然资本和人造资本之间具有强替代性；第二，强可持续性强调自然生态系统的"非连续性"和"非平滑性"，因此环境破坏导致某一类自然资本受损将无法通过其他资本来弥补（Pearce et al.，1996）。

相比较而言，弱可持续性的理论框架是遵循经济学的基本假设搭建的，同时可评估生态和环境问题。在描述经济可持续发展时，究竟选择强可持续性还是弱可持续性取决于所要研究的问题，强可持续性更注重自然资本的价值和不可替代性，侧重于生态学问题研究，而弱可持续性则强调自然资本和人造资本的替代性，各种资本可被加总且更适用于经济学问题研究（Pearce et al.，1996）。

（二）评估经济可持续性的两种视角及其联系

对经济可持续性的评估存在两种不同的视角：基于结果（out-come based）和基于潜在能力（capabilities based）。前者认为经济可持续性下的发展路径应是一条人均消费时序非减的发展路径，后者则认为该发展路径为一条真实储蓄量时序非减的发展路径（Hanley et al.，2014）。基于这两种不同角度来评估经济可持续性，暗示着真实储蓄量与人均消费之间存在一种内在联系：真实储蓄量反映的是一种潜在能力，而人均消费则是一种结果，若一条经济发展路径可以保证时序上真实储蓄量是非减的，那么理论上这种发展路径能够保证未来人均消费也是时序非减的。换言之，真实储蓄量具有一种潜在特性，即时序上非减的真实储蓄量可保证未来人均消费不少于当期人均消费（Ferreira and Vincent，2005）。

为检验真实储蓄量的潜在特性，Vincent（2001）、Ferreira 和 Vincent（2005）最早构建数学模型并利用计量分析方法探讨真实储蓄量与未来人均消费的关系，该数学模型如下：

$$\bar{C}_{it} - C_{it} = \beta_0 + \beta_1 \times GS_{it} + \mu_{it} \qquad (3-1)$$

其中，$\bar{C}_{it}$ 表示未来人均消费的平均值，C_{it} 表示当期人均消费，GS_{it} 表示当期真实储蓄量，μ_{it} 表示残差项。

基于式（3-1），Ferreira 和 Vincent（2005）提出了三个前置假设。

假设 1：$\beta_0 = 0$，$\beta_1 = 1$。

假设 2：$\beta_0 > 0$，$\beta_1 \rightarrow 1$。

假设 3：$\beta_1 > 0$。

在论证真实储蓄量潜在特性的过程中，第一个假设是最严格地证明真实储蓄量与未来人均消费之间的一一对应关系；第二个假设是次严格的，它证明两者之间存在着强对应关系；第三个假设是最弱的假设，它只是证明真实储蓄量与未来人均消费之间存在正向关系（Vincent，2001）。

对表 3-2 中的实证研究结果进行总结，可得到如下几个结论。首先，真实储蓄量与未来人均消费之间的确存在一种强关联性，时序上真实储蓄量非减能够保证未来人均消费不下降。其次，相较于发达国家，在发展中国家这两者的关系更强一些，特别是参考 Ferreira 和 Vincent（2005）、Ferreira 等（2008）的研究，不难发现，基于发展中国家数据所估计的 β_1 值要大于发达国家所估计的 β_1 值。最后，所有的实证研究均只能证明假设 2 和假设 3，假设 1 的证据不足。

从理论上来看，真实储蓄量与未来人均消费之间的关系应遵循假设 1，但为什么以往研究很难证明这个假设呢？目前关于该问题，学术界已形成两个方面的共识。第一，以往研究的数据结构多为宽面板数据结构，这种数据结构的时间跨度太短，若想实证检验真实储蓄量与未来人均消费之间的关系，理论上时间跨度越长越好。Greasley 等（2014）使用了英国近 240 年的统计数据，所估计的 β_1 为 0.79，相对于其他大多数研究而言，该值已经相当逼近 1 了。第二，技术进步可能是影响真实储蓄量与未来人均消费关系的一个重要因素，在假定技术进步不变的情况下，它们二者之间应该遵循一一对应的关系。然而，技术进步一直存在于整个经济发展过程中，技术进步的存在使得实证研究很难验证假设 1，事实上，一些学者发现在剔除技术进步因素之后，实证研究的结果更加契合假设 1（Hanley et al.，2014）。

表 3 - 2　真实储蓄量的潜在特性研究

作者（年份）	样本选择	研究结果
Vincent（2001）	1973～1986 年 13 个拉丁美洲国家的数据	估计出 $\beta_1 = 0.492$，该结果支持假设 2 和假设 3
Ferreira 和 Vincent（2005）	1970～2000 年 139 个 OECD 和非 OECD 国家的数据	估计出 $\beta_1 = 0.129$（所有国家数据），$\beta_1 = 0.322$（非 OECD 国家数据），该结果支持假设 2 和假设 3
Ferreira 等（2008）	1970～2003 年 64 个发展中国家的数据	估计出 $\beta_1 = 0.801$，该结果支持假设 2 和假设 3
Arrow 等（2012）	2000～2005 年美国、中国、巴西、印度和委内瑞拉的数据	对比真实储蓄量变化和人均消费变化，认为假设 2 和假设 3 成立
Mota 和 Domingos（2013）	1991～2005 年葡萄牙的相关数据	估计出 $\beta_1 = 0.39$，该结果支持假设 2 和假设 3
Greasley 等（2014）	1765～2000 年英国的相关数据	估计出 $\beta_1 = 0.79$，该结果支持假设 2 和假设 3

总结而言，坚持经济可持续发展道路的核心目的是保证未来人均消费不递减，但是未来人均消费这个指标是不可直接观测的。从理论（Arrow et al.，2012）和实证（表 3 - 2 的各个实证结论）

两个层面均可说明真实储蓄量时序上非减可保证未来人均消费不递减。

此外，这里补充说明一个问题：在实证研究中，为什么选择真实储蓄量作为衡量经济可持续性的指标，而不是直接使用人均消费来度量？

首先，真实储蓄量和人均消费是基于两种视角来评估经济可持续性，这两个变量之间存在一种内在联系。

其次，基于以往的人均消费变动趋势，很难对未来的人均消费趋势进行预测。通俗地讲，即使已有的信息显示人均消费是时序递减的，这种递减趋势也未必会一直延续到未来。因为当前人均消费的下降，可能导致储蓄的增加和投资的增长，进而增大总产出和提高人均可支配收入（人均消费可能提高）。对于真实储蓄量而言，它等于未来可被投资的总量；若基于以往的信息判断真实储蓄量是时序非减的，那么未来投资将不下降，进而总产出也不会下降，人均消费至少可以维持原有水平。故而，相比于人均消费这个指标，真实储蓄量更适合作为衡量经济可持续性的指标。

三　能源转型理论

关于能源转型的理论主要包括技术创新系统理论和基于管理学视角下的能源转型理论（Mattes et al.，2015）。第二种理论包括多层次视角理论和战略利基管理理论两个分支。

（一）技术创新系统理论

技术创新系统理论建立在新熊彼特学派的创新理论[①]和演化经济

---

① 新熊彼特学派在研究创新、技术变革等方面问题上占据着前沿地位。

学的基础上，该理论主要从绿色创新视角来研究能源转型，认为能源转型是一个可再生能源由"低基数"向"高基数"转变的过程（Cooke，2010）。所谓绿色创新，它具备三个特征：减轻环境污染；缓和人类活动对气候变化的影响；管理能源体系，使之由化石能源占优向可再生能源占优转变（Jacobsson，2008）。技术创新系统理论将技术创新系统分为两个子系统：知识应用与开发子系统和知识创造与扩散子系统。同时，这两个子系统均可能受到外部影响（Cooke，2002）。

在知识应用与开发子系统中，企业是主体并且通过纵向和横向关联形成一个网络，利用技术获取商业回报（Autio，1998），而知识创造与扩散子系统的主体则包括公共研究机构、教育机构、技术中介组织和劳动力中介组织（Cooke et al.，1997）。在现实经济中，两个子系统的主体在功能上会出现重叠，如企业也可能进行知识创造，公共研究机构也可能从事商业运作，但总体上两个子系统的主体是有差别的，即前者为企业，后者则是机构（Cooke，2002）。外部影响则包括国家政策和国际协定，如新能源补贴政策、国家自主设定的低碳化目标和《巴黎协定》等（Chung，2018；Cooke，2002）。

在技术创新系统理论中，外部影响是能源转型的关键。因为对两个子系统中的主体而言，它们会在一个系统网络里相互反馈并使用能源技术，这一相互反馈过程受到外部影响（Bergek et al.，2008）。此外，可通过 7 类指标评估外部影响：企业家行为、知识研发、知识扩散、发展指南、市场形成、激励措施和合法化（Negro and Hekkert，2008）。

总结而言，该理论在具体问题分析上，首先基于上述 7 类指标探讨所发生事件的影响（如国家在某一年制定光伏能源补贴政策，这一政策可能会影响 7 类指标中的某几个指标，这里只判断影响的方向，即影响是正或负），然后综合比较这些事件的影响以研究不同国家和地区的能源转型。利用该理论研究能源转型问题的文献较为广泛，如荷兰的生物能气化（Negro et al.，2008），日本的混合动力汽车（Pohl and Yarime，2012），丹麦和美国的氢燃料（Andreasen and Sovacool，2015）、清洁能源储能（Wicki and Hansen，2017），以及中国台湾的生物柴油（Chung，2018）。

（二）多层次视角理论

多层次视角理论是一种中等范围理论，涵盖演化经济学、科学与技术研究理论、结构理论和新制度经济学理论等内容（Geels，2010）。由于能源转型会影响到能源–经济系统各个部门（如流通部门、生产部门、居民部门等），因此有必要从多层次视角来研究能源转型（Unruh，2000）。多层次视角理论从三个层面探讨能源转型并认为能源转型是一个非线性过程，这三个层面分别为：社会技术稳态（socio-technical regimes）、利基（niches）和外生的社会技术背景（exogenous socio-technical landscape）。同时，每一个层面又包含大量的行动者（actors），这些行动者的行为会影响到该层面的稳定性（Geels，2011）。多层次视角理论认为能源转型的本质是三个层面的相互作用，三个层面的关系可归纳为：①利基层面的行动者逐渐建立起内在的势（internal momentum）；②外生的社会技术背景的变化使现有能源体系遭受压力；③当前能源体系的不稳定为利基层面的行动者创造了变革的机会（Geels，2011）。另外，该理论在能源转型问题方面的应用较为广泛，如生物能源与混合燃料（Raven，2007）、分散式光电房屋（Smith，2007）、电力系统（Hofman and Elzen，2010）、新能源汽车（Van Bree et al.，2010）和生物质能（Elzen et al.，2011）等。

（三）战略利基管理理论

战略利基管理理论是一种基于社会结构实验的方式研究如何加

速可再生能源技术的研发和扩散，该理论倡导建立一个"保护区域"，称为利基，在该区域内鼓励激进的创新者交流与合作，以加速新能源技术的孵化（Caniëls and Romijn，2008）。事实上，利基创造一个原型市场，即使相关技术仍然停留在实验室阶段，各方的联系也可以在这个原型市场中建立。一旦新能源技术孵化成功，该利基将进化成为一个真实的市场，该技术将实现并维持商业运作（Hoogma et al.，2002）。战略利基管理理论在研究新能源技术发展的成败问题上是较为实用的（Caniëls and Romijn，2008）。基于这一理论的具体研究较多，如麻风树生物燃料技术（Van Eijck and Romijn，2008）、生物能气化技术（Verbong et al.，2010）、清洁能源汽车技术（Sushandoyo and Magnusson，2014）、太阳能光伏和太阳热能的发展（Elmustapha et al.，2018）及社区能源的发展问题（Ruggiero et al.，2018）。

对上述两个部分进行总结发现，技术创新系统理论等能源转型理论在解释能源转型，特别是微观层面的能源技术演化或扩散等问题上具有较强的分析能力，但它们也存在三点缺陷：①这三种理论无法解释为什么能源转型在空间上是"非均匀"（unevenness）的（Coenen et al.，2012）；②上述三种理论均提到了稳态的概念，能源转型下经济系统的稳态的确会发生变化，基于这三种理论却无法研究能源转型究竟推进到何种程度（即能源转型的分岔点）经济系统会发生稳态变迁；③这三种理论均是通过定性或者描述性统计的方法研究能源转型，这种分析方式无法从宏观层面量化能源转型究竟会对经济系统中的各主要经济变量产生多大影响。就第一点缺陷而言，一些学者试图从经济地理优势的视角去弥补（Coenen et al.，2012），但与后两点缺陷相关的研究依然较为稀少，本书将基于稳态变迁理论和分岔理论对能源转型理论进行扩充，并填补这一空白。

四 稳态变迁理论与分岔理论

（一）稳态变迁理论、方法及应用

"稳态变迁"这一概念最早源于生态学，是指由于内部变革或者外部冲击的影响，一个系统的前后特征发生质变（Scheffer et al.，2001）。稳态变迁理论建立在动态系统之上，任何一个动态系统都包含阻尼（damping）和放大（amplifying）的反馈环。在正常情形下，系统中的两种反馈环会在一个限度内交互作用，进而保证该系统最终收敛于吸引子（attractors），或者趋于系统的均衡点。当系统受到外部冲击或者内部变革的影响后，系统反馈环的交互作用发生质变，该系统会收敛于一个新的吸引子。这一过程一旦发生，即意味着系统发生了稳态变迁（Crépin et al.，2012）。例如，对一个湖泊系统而言，环境污染使得水体的含磷量不断增加，一旦这种外部影响积累到一定程度，这一系统将会被浮游藻类占据，即该湖泊由平营养化湖泊变迁为富营养化湖泊（Carpenter，2003）。生态学中基于稳态变迁的例子很多，比如鱼群由高丰度的稳态转变为低丰度稳态、森林 - 平原系统由森林稳态转变为无树平原稳态（Biggs et al.，2012）。

接下来，将介绍研究稳态变迁的方法和稳态变迁理论在经济学中的应用。

1. 稳态变迁的方法

利用稳态变迁理论分析系统特征的变化，最大的难点在于选取合适的指标并观察系统的稳态变化。在具体分析过程中，可分为以下两大类情形。

第一类情形为预期性的稳态突变，当系统遭受外部冲击的信息完全时，即系统只遭受一种外部冲击且冲击的临界点已知，此时只需要选取一个或多个关键指标并观察系统如何应答（Kinzig et al.，2006）。

第二类情形为非预期性的稳态突变，即无法确定系统何时遭受冲击和遭受几种外部冲击，同时也无法预先知道系统的稳态是否发生变化（Filatova et al.，2016）。为了甄别第二类情形的稳态突变，常用的方法包括时间序列分析、早期警示信号识别和临界点识别方法。具体而言，上述三种方法又可进一步细分：①时间序列分析的方法包括序列 F 检验、序列 T 检验、远期时点模型和门槛分位数回归（Rodionov，2005）；②早期警示信号包括时间序列数据的增加性变异（Carpenter and Brock，2006）和递增性的自相关关系（Dakos et al.，2008）；③临界点的识别方法包括随机矩阵理论、主成分分析、时间聚类分析、功率谱密度法、稳态转换模型和马尔克夫链蒙特卡尔理论（Kleinen et al.，2003；Sun et al.，2017）。

2. 稳态变迁理论在经济学中的应用

当经济系统遭受经济衰退、金融恐慌或者货币危机等事件时，许多经济时间序列表现出剧烈的变化，这意味着经济系统在遭受外部冲击时也可能发生稳态变迁（Hamilton，2016）。例如，Sun（2005）结合美国、英国、日本和加拿大的利率波动数据发现，这四个国家的短期利率波动可分为低波动和高波动两种稳态；Liu 等（2011）利用美国数据和稳态转换模型，揭示了美国宏观经济波动的源泉；Ko 和 Morita（2015）基于日本的债务 - GDP 比率数据，发现日本的财政可持续性在 1990 年发生了稳态变迁且变迁后的稳态是不可持续的。此外，稳态变迁理论也被用于探讨全球性的股票收益、股权风险溢价等问题（Hammerschmid and Lohre，2018）。

能源转型下的经济系统也可能存在稳态变迁，这一观点是近几年才逐渐被认识到的。能源转型会改变经济系统的结构，主要体现为三个方面：技术，如能源生产、传输和储能技术；政治结构，如能源政策、公共披露；经济结构，如产业结构、消费结构等（Strunz，2014）。利用稳态变迁理论研究能源转型问题，主要集中于探讨能源结构的变化，如电力市场和电价波动（Sun et al.，2017）、能源构成（Ahmad and Derrible，2018）等。然而，基于稳态变迁视角研究能源转型对经济系统影响（包括经济可持续性和经济增长）的文献几乎没有。再者，能源转型推进到分岔点，考虑不同能源转型情景，能源转型对经济系统的影响可能会出现分岔现象。

（二）分岔理论及应用

分岔理论是一种研究给定簇①发生质变或拓扑结构的变化的数学理论，多应用于研究动态系统的相关问题。一般而言，分岔理论中的分岔可分为两类：一类是局部分岔（local bifurcations），主要分析参数变化所导致的均衡稳定性的变化；另一类是全局分岔（global bifurcations），主要分析系统的崩塌且这种崩塌多与拓扑结构的变化联系在一起（Wiggins，1988）。

分岔理论在经济学中的应用，最早始于对经济周期和经济波动问题的研究，后来逐渐应用到经济增长、经济发展及一般均衡变动等问题（Antinolfi et al.，2001）。在有关经济学的问题研究中，表现出的分岔多为局部分岔，即经济学者主要利用分岔理论探讨经济均衡的稳定性变化，随着系统内的参数发生变化并逐渐靠近状态空间的边界（the boundary of the state Space）时，经济均衡路径可能会出现分岔。此外，一些学者利用分岔理论研究了偏远地区的经济发展路径分岔问题（Commendatore et al.，2018），以及低碳经济倡议下能源技术路径的分岔问题（Chi et al.，2012）。

---

① 数学上的"簇"是一个广义概念，如一个微分方程组的解集可组成一个簇，一类矢量场的积分曲线也可称为一个簇。

本书基于稳态变迁理论和分岔理论，主要探讨能源转型背景下经济可持续性和经济增长的均衡路径是否会在能源转型抵达分岔点后出现分岔现象。理论上，若能源转型进度抵达分岔点，由于经济可持续性处于质变的边缘，推进能源转型的力度可能发生改变，进而导致不止一条经济可持续性和经济增长的均衡路径。

五　能源转型的经济影响

能源转型会对经济系统产生影响，包括经济可持续性和经济增长两个方面的影响。然而，当前相关研究主要集中于探讨经济政策对经济系统的影响，直接分析能源转型对经济系统影响的研究很少。本节将首先梳理经济政策对经济系统影响的评估方法，并借鉴以往研究寻找适合本书研究的方法，然后探讨评估经济可持续性的研究。

（一）评估方法

评估经济政策对经济系统的影响，最好的方式之一是基于经济系统的视角去探讨经济政策如何影响各主要经济变量（Aruoba et al.，2017；Galvão et al.，2016）。当前，用于系统地评估经济政策对经济系统影响的常用方法分为两类：可计算一般均衡模型（CGE 模型）和动态随机一般均衡模型（DSGE 模型）。

1. CGE 模型

CGE 模型的基本理论是一般均衡理论，该理论于 1874 年由瓦尔拉斯首次提出，之后经过帕累托、希克斯、阿罗等经济学家的改进与发展，成为在整体经济框架内研究生产、消费和价格等问题的重要工具（林伯强、牟敦国，2008）。CGE 模型可以很好地设定出经济环境，模拟各种政策和外部冲击对该环境下经济的整体和结构影响，充分反映经济中的各种复杂关系，较为完备地反映整体经济对各种冲击的反应，在能源经济领域被广泛应用于分析能源价格波动、能源政策对国家宏观经济的影响。例如，Choumert Nkolo 等（2018）结合 2006~2017 年 30 余项利用 CGE 模型探讨生物质能的研究，借助 Meta 方法分析了能源政策对生物质能发展以及社会经济福利的影响。

CGE 模型的分析基础为社会核算矩阵，它的优势在于研究经济结构的细节、部分之间的联系，可评估经济政策对宏观经济、福利和环境的影响（Tabatabaei et al.，2017）。然而，该模型不适合研究不确定性环境下经济政策对经济系统的影响。

2. DSGE 模型

相比于 CGE 模型，DSGE 模型的优势在于它能够在不确定性环境下动态分析经济政策和外部冲击对经济系统的影响（Consolo et al.，2009）。同时，DSGE 模型已经成为政策分析和宏观经济预测的流行工具之一，该模型的基本理论是真实周期模型，利用数学方程对经济系统中主要经济部门的行为做出清晰的刻画。在此基础上，当系统遭受不确定性冲击时，该模型能够分析各经济部门的相互作用和经济变量均衡的变动（Sbordone et al.，2010）。在能源经济学领域，DSGE 模型可被用于研究碳排放政策对碳减排目标的影响（杨翱等，2014）、节能减排政策对生态环境治理的动态效应（武晓丽，2017）、不同环境政策对美国宏观经济的影响（Annicchiarico and Di Dio，2015）和原油供给冲击对美国经济的影响（Balke and Brown，2018）。

目前，利用 DSGE 模型研究能源转型对经济系统的影响，特别是对经济可持续性影响的文献几乎空白，但能源转型是一个必然过程，对于决策者而言，他们需要关注能源转型对经济系统影响的相关研究。

（二）能源转型的经济可持续性

经济可持续性是指经济系统既满足当期人均消费，同时又不降低未来的人均消费（Basiago，1999）。然而，直接基于当前人均消费的变动是无法推测未来人均消费的，关于这一点前文已做了较为详细的解释。因此，评估经济可持续性需要从另外一个角度来切入，若经济是可持续的，那么该经济体的生产基础应是世代不变或时序递增的（Chapin et al.，2009）。在宏观经济理论中，产品和服务的产量取决于经济资本的总量，经济资本包括人造资本、人力资本、社会资本和自然资本等，经济资本是经济运行的基础，若想保持后代的人均消费不下降，则要求经济资本总量至少保持不变，基于这一经济学逻辑，真实储蓄量这个指标最终成为反映经济可持续性的公认指标（Arrow et al.，2004）。

Hamilton（1994）和 Pearce 等（1996）最早正式详细地阐述真实储蓄量概念，随后，一个正式的真实储蓄量核算模型创立。1999年，世界银行提议将真实储蓄量作为衡量经济可持续性的公认指标（Hamilton，2000）。一般而言，真实储蓄量在时序上是非减的，意味着经济是可持续的（Garmendia et al.，2010）。能源转型会对经济系统产生影响，那么它是否也会改变真实储蓄量（即改变经济可持续性）？当前，研究能源转型对经济可持续性影响的文献匮乏，主要原因在于：一方面，能源转型理论多为定性研究，缺乏合适的数理模型定量研究能源转型对真实储蓄量变化的影响；另一方面，当前研究无法识别能源转型过程中的分岔点，能源转型是一个不断推进的过程，关于未来那部分的相关数据是不可获得的，而已有的分岔点识别方法不再适用。

六　能源转型的国际经验

中国正努力推进可再生能源发展以促进能源转型，当前欧盟国家正不断推进可再生能源发展，其中德国和瑞典走在前列。本节首先对这两个国家的能源转型历程进行总结，然后再对其他欧盟国家（可再生能源发展比较快的国家）的现行政策和预期目标进行总结。

（一）德国的经验

德国是世界上发展非传统性可再生能源（NCRES）[①] 最成功的国家，根据 IEA 数据，截至 2019 年，风能发电占总发电比重为 20.3%，光电比重达 7.7%。经历 1973～1974 年和 1978～1979 年两次石油危机后，德国政府开始对光能和风能技术进行大规模投资（de Melo et al., 2016）。在乌克兰切尔诺贝利核事故和环境问题逐渐成为热点的背景下，德国政府开始发展 NCRES 市场（Menke, 2006），并于 1991 年出台 EFI 法案（*Electricity Feed-In Act*，EFI），包括建立 1000 Roofs[②]（光电）和 250MW（风电）示范工程及提供 10 万 Roofs 的低息贷款（Huenteler et al., 2012）。作为 EFI 法案的接替法案，RES 法案（*Renewable Energy Sources Act*，RES）于 2000 年生效并在 2004 年修订。RES 法案被认为是德国现行发展可再生能源最成功的法案。截至 2006 年，可再生能源部门新就业岗位 23 万个，减少 4500 万吨二氧化碳和避免高达 34 亿欧元的环境外部成本，预计 2020 年可再生能源发电比重达到 27%，2030 年有望突破 45%（FMENCNS, 2007）。此外，另一个影响德国可再生能源迅速发展的重要因素是复杂且高效的能源代理机构和能源服务公司，同时这些机构和公司依据法规和所负责的能源类型进行动态调整，以保证高效运作（de Melo et al., 2016）。

---

① 所谓非传统性可再生能源，一般不包括大型企业所生产的可再生能源，如大型水电企业所生产的水电就不属于非传统性可再生能源。

② 1 Roof 意为（国外）1 栋房屋的屋顶安装光伏电板，国内暂无对应的专业词语，故此处不做翻译。

(二) 瑞典的经验

瑞典是欧盟国家中可再生能源占最终能源消费比重最高的国家，依据 IEA 数据，2019 年这一比重达到 75.1% (包含核能)，不包含核能的话则为 38.2%。在开启能源转型之前，石油是瑞典的主要能源 (1970 年，石油占瑞典能源供给的比重达 77%)。两次石油危机的爆发，使瑞典认识到本国的能源消费结构过于单一，因此瑞典政府出台能源政策以差异化本国能源结构，主要刺激煤炭使用量和核能发展，石油危机的发生也使瑞典制定能源政策时由局部设计转变为全局统筹设计 (Wickman，1988)。上一阶段的能源结构调整，使瑞典在 20 世纪 90 年代的核能和煤炭比重上升至 40% 左右，随着切尔诺贝利核事故的发生和气候变暖问题的凸显，瑞典开始去核化和低碳化。瑞典于 1991 年开始征收碳税 (25 欧元/吨) 并且在 1994 年上升至 36.5 欧元/吨 (Mahapatra et al.，2007)。为了实现去核化和减少化石能源的双目标，瑞典选择生物质能作为核能和化石能源的替代品。随着生物质能的发展，环境问题得到良好治理，因此 2005 年之后，瑞典开始逐渐减少碳税，但生产部门依然偏向于使用生物质能。截至 2011 年，生物质能占瑞典总能源供给的 45%，而石油则下降到 4% (Di Lucia and Ericsson，2014)。

(三) 其他欧盟国家的经验

2001 年颁布的 "EU Directive 2001/77/EC" (简称 EUD - 01) 为各欧盟国家设定了可再生能源发展目标，2012 年 1 月 "EU Directive 2009/28/EC" (简称 EUD - 09) 颁布并废除上一法案，修改了可再生能源发展目标 (Proença and Aubyn，2013)。依据 IEA 数据，芬兰、奥地利、葡萄牙和丹麦可再生能源占最终能源的消费比重在 2019 年分别达到 58.9%、32.9%、25.4% 和 42.6%。为了推进这一目标实现，这些国家出台了一系列能源政策，包括：技术研发政策、上网电价补贴政策、税收优惠政策、许可证制度和电网准入政策①。

对这些国家的能源转型经验进行总结发现：①影响能源转型的政策措施包括能源技术研发基金、税收、政府补贴和其他激励措施（Neij and Astrand，2006）；②能源政策措施的效力与一国的政治经济状况有关，中央政府具有更高的集权性将更容易推进能源转型（Solomon and Krishna，2011）；③能源转型过程是分阶段的（Strunz，2014）。

七　文献评述

对上述几个方面的研究进行评述，发现当前研究存在以下四点不足：①当前国内外关于能源转型的研究多是定性的，但定性分析无法量化能源转型对经济可持续性的影响；②在新一轮能源转型的背景下，现有研究缺乏合适的数理模型和理论刻画这种转型的过程，进而很难为政府推进能源转型提供较为具体的政策启示；③能源转型是一种稳态变迁的过程，但数据的不可获得性导致当前的稳态变迁理论无法识别能源转型的分岔点，也无法分析能源转型可能导致的经济系统中的分岔现象，因此需寻找恰当的方法来解决这一问题；④目前尚未见到从能源转型对经济可持续性和经济增长两个方面来研究能源转型对经济系统影响的文献。

---

① 关于这些能源政策的详细信息，参见 http://www.res-legal.eu/en/compare-policies/。

第4章　能源转型历史变迁
与中国能源现状

人类历史上已发生过数次能源转型，在研究新一轮能源转型对经济系统的影响之前，需首先站在历史的角度上对已发生的能源转型进行回顾，并总结能源转型的基本规律。再者，本章也将对中国的能源发展现状和碳排放现状进行梳理，进一步突出了新一轮的中国能源转型是意义重大的。

一　能源转型的历史变迁

每一次能源转型都意味着能源消费结构的变化，更突出的是，每一次能源转型达到一定程度时，一种新的能源将成为主导能源。从历史的角度研究能源转型，最大的阻碍是数据的不可获得性。哈佛大学历史经济中心（Center for History and Economics，CHE）基于一些学者的研究构建了"能源历史"（Energy History）数据库，目前已公布德国、英国、法国、瑞典、意大利、葡萄牙和加拿大等国家1800~2010年的能源消费结构数据。此外，当前已有学者研究了1780~2010年美国的能源转型历史变迁过程（O'Connor and Cleveland，2014），但该研究数据未公开，因此后文无法给出美国的能源转型历史变迁图①。考虑篇幅，本章选择德国、瑞典、英国和加拿大四个国家作为代表性国家，首先基于相关数据做出每一个国家的能源转型历史变迁图，分别总结它们的特点。然后，基于所总结的特点，提炼出能源转型的基本规律。

（一）代表性国家能源转型的历史变迁

1. 德国

依据 CHE 公布的 1815～2010 年德国能源结构数据，可刻画出德国能源结构的历史变迁图，如图 4-1 所示。

结合图 4-1 发现，德国历史上至少存在两次能源转型，这两次能源转型将德国的能源历史分为三个时期。

（1）时期 1（19 世纪 50 年代之前）：薪材、燃木和草料主导的能源体系。薪材、燃木和草料是原始的生物质能，这些能源所提供的动力是十分有限的。这一时期，欧洲各国相继开启本国的工业革命，德国也不例外。随着工业不断发展，对能源需求量和能源效率的诉求日益增加。正是在这种背景下，煤炭开始逐渐取代原始的生物质能，第一次能源转型不断推进。

（2）时期 2（19 世纪 50 年代至 20 世纪 60 年代）：煤炭主导的能源体系。观察图 4-1 不难发现，这一时期煤炭扮演着举足轻重的角色，特别是在 20 世纪 20 年代，煤炭在德国整个能源消费结构中的占比高达 90%。煤炭是一种相对高效的化石能源，它能够为工业发展提供充足的动力。然而，化石能源具有一个普遍的缺陷——不可再生性，这一缺陷促使德国差异化其能源消费结构，即寻找煤炭

---

① 对比美国和其他国家的能源转型历史变迁图发现：能源转型的历史变迁是相似的，主要区别在于每一次能源转型的时点和主导能源份额存在一定差异，但这一点并不影响基本结论。

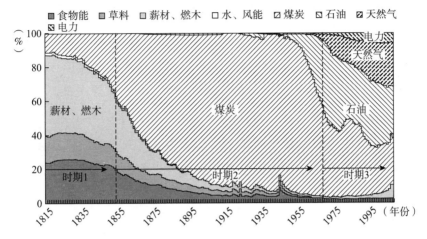

图 4 - 1　德国能源结构的历史变迁（1815 ~ 2010 年）

的替代能源。

　　在煤炭能源逐渐稀缺的背景下，第二次能源转型开启。需注意，当这一轮能源转型开启的时候，上一轮能源转型仍在进行中；换言之，德国历史上的数次能源转型是不可割裂的。从 20 世纪 40 年代开始，德国煤炭比重以一个较快的速度递减；与此同时，石油比重相应上升，截至 20 世纪 60 年代末，石油比重达到 40% 左右，煤炭则下降到 50% 左右。

　　（3）时期 3（20 世纪 80 年代之后）：多种化石能源并存的能源体系。这一能源体系正是当前经济发展所依靠的能源体系。20 世纪末，整个德国能源结构中化石能源的比重约为 90%，其中石油和煤炭的比重较高，天然气的比重较低。此外，由于 20 世纪 70 年代爆发了两次石油危机，此后十年里石油的比重快速下降，这一空缺被煤炭填补，在此期间煤炭的比重呈现明显的上升趋势。

　　值得注意的是，21 世纪初可再生能源份额（电力份额）[①] 开始

---

　　① 相比于图中其他能源，电力是一种二次能源。在该数据库的统计中，这里的电力来源于可再生能源，煤炭发电部分已归结到煤炭份额中。

逐渐增加，这一变化源于欧盟 21 世纪初提出的可再生能源发展和电力系统去碳化计划。比较时期 2 和时期 3 发现，由煤炭主导的能源体系在整个德国能源史上持续一个多世纪，而多种化石能源主导的能源体系只持续 40 年左右，第三次能源转型①便拉开序幕。造成这种现象的主要原因是，化石能源的使用导致严重的环境退化问题，特别是化石能源的碳排放问题，现已成为一个关乎整个人类未来发展的重大问题；此外，化石能源是不可再生的，德国需要发展可再生能源以保证未来经济发展所需的动力。

2. 瑞典

依据 CHE 公布的 1800～2010 年瑞典能源结构数据，同样可得到瑞典能源结构的历史变迁图，如图 4 - 2 所示。

类似地，瑞典的历史上至少包含三次能源转型，第二次能源转型和第三次能源转型的开启时点很接近，这三次能源转型将瑞典的整个能源历史分为三个时期。

（1）时期 1（20 世纪初）：薪材、燃木和草料主导的能源体系。纵观瑞典 20 世纪初以前的能源历史，原始生物质能一直占据着总能耗的 80% 左右。瑞典拥有丰富的森林资源（2014 年，森林覆盖率达到 54%），同时瑞典进入工业时代的时点也相对较晚，原始生物质能保证于瑞典的经济发展。19 世纪 70 年代，瑞典开始进入工业化时代，对高效率能源的需求不断增加，原始生物质能已不足以支撑瑞典的工业发展，瑞典开启了第一次能源转型，煤炭的比重逐渐提升，瑞典开始逐步摆脱薪材、燃木和草料主导的能源体系，截至 20 世纪初，煤炭的比重上升至 40% 左右。

---

① 第三次能源转型又称新一轮能源转型，在碳减排和化石能源不可再生的双背景下，这一次能源转型是由化石能源主导的能源体系转向可再生能源主导的能源体系。不过，本书中数据只统计到 2010 年，第三次能源转型在德国才刚起步。

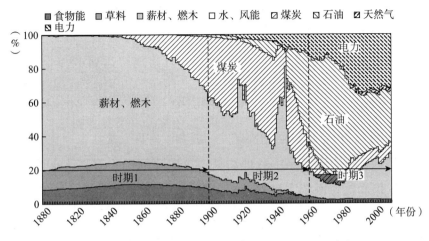

图 4 - 2　瑞典能源结构的历史变迁（1800～2010 年）

（2）时期 2（20 世纪初至 20 世纪 60 年代）：煤炭和原始生物质能并存的能源体系。不同于德国，瑞典在由原始生物质能主导的能源体系向煤炭主导的能源体系转型的过程中，薪材、燃木占总能耗的比重在 20 世纪 20 年代和 40 年代的中期出现两次明显的反弹。造成这一现象的原因是，瑞典的工业化起步较晚，在煤炭的稀缺性日渐凸显的背景下，瑞典政府对本国的能源结构进行调整。不过这一时期瑞典的工业体系以木材加工业和采矿等初级制造业为主，这一类工业对能源效率的要求相对较低，因此在开启第二次能源转型之前，拥有丰富森林资源的瑞典暂时性地选择薪材、燃木作为煤炭的替代能源。

不过，从整体能源体系变迁趋势来看，这种反弹现象持续的时间很短。从 20 世纪 40 年代到 60 年代，瑞典开启它的第二次能源转型（由煤炭主导的能源体系转向多种化石能源主导的能源体系），作为煤炭的替代品——石油的比重开始迅速提升，截至 20 世纪 60 年代，石油占总能耗的比重已上升至 60% 左右。

（3）时期 3（20 世纪 60 年代之后）：石油和可再生能源并存的

能源体系。不同于德国，瑞典的第二次能源转型与第三次能源转型有很大比例的重叠，从 20 世纪 40 年代起，以可再生能源为主的电力已崭露头角；20 世纪 60 年代初，电力比重已达到 15%。不过，从 20 世纪 60 年代到 70 年代，由于石油能源的快速发展，电力比重在这十年间变化不大。

20 世纪 70 年代石油危机爆发，瑞典政府再一次认识到化石能源的稀缺性，电力进入新一轮的增长。更重要的是，欧盟颁布可再生能源发展和电力系统去碳化计划，这一计划刺激了电力比重进一步增加，到 21 世纪初，这一比重已达到 35% 左右，而石油比重则下降到 30% 左右。当前，瑞典已初步建成石油和可再生能源并存的能源体系，随着瑞典政府进一步发展可再生能源，可预期的是以可再生能源为主的电力比重将进一步提升。

3. 英国和加拿大

依据 CHE 公布的 1800~2010 年英国和加拿大的能源结构数据，同样可得到这两个国家能源结构的历史变迁图，如附图 1 和附图 2 所示。

结合英国能源结构的历史变迁进行分析，结论如下。

（1）1800~2010 年，英国只存在一次能源转型。英国是世界上最早开启工业革命的国家，19 世纪初英国能源消费结构中煤炭占比已达 80%，到 20 世纪初，煤炭比重一度达到 90%，直到 20 世纪 30 年代，石油才开始登上英国的能源历史舞台。

（2）20 世纪 30 年代末，英国开始由煤炭占主导的能源体系向多种化石能源并存的能源体系转型。到 20 世纪 70 年代初，石油比重达到 60%。不过，观察英国 20 世纪 60 年代之后的能源发展历史，石油主导能源体系的时间比较短。随着天然气于 20 世纪 70 年代开始提升其在总能耗中的比重，英国的能源体系逐步演变成多种化石能源并存。21 世纪初，英国能源结构中化石能源的比重高达 92%，其中天然气占 44%，石油占 30%，煤炭占 18%。

纵观英国的能源结构变迁过程，煤炭作为主导能源的能源体系持续了一个半世纪；之后，在煤炭能源日渐枯竭和石油危机爆发的背景下，英国由煤炭主导的能源体系向多种化石能源并存的能源体系转变。21 世纪，碳减排问题日益受到关注，英国政府也开启了新一轮的能源转型之路，不过相对于德国和瑞典而言，英国可再生能源比重的提升幅度较小。

对加拿大能源结构的历史变迁进行分析，结论如下。

（1）1800~1900 年，薪材、燃木等原始生物质能是加拿大的主导能源。加拿大的第一次能源转型开启于 19 世纪 80 年代，煤炭逐渐取代原始生物质能，20 世纪 20 年代煤炭比重达到 70%。

（2）类似于瑞典，加拿大的第二次能源转型和第三次能源转型也呈现重叠特征。从 20 世纪 20 年代起，石油、天然气和以可再生能源为主的电力先后登上历史舞台。不过，总能耗结构中石油占比的提升幅度更大，直至石油危机爆发，石油占比才开始逐渐减小。目前，加拿大的能源体系是石油、天然气和电力并存的能源体系（三者比重之和为 87%），其中石油约占 35%，天然气约占 34%，以可再生能源为主的电力约占 18%。

纵观加拿大的能源结构变迁过程发现，以薪材、燃木为主导的能源体系持续了一个世纪[①]，随后这一能源体系逐渐转型为煤炭主导的能源体系。在煤炭逐渐枯竭、石油危机爆发以及碳减排等背景下，20 世纪 50 年代之后加拿大的能源结构变迁过程与瑞典相似，即第二次能源转型和第三次能源转型相继开启。当前，加拿大也形成了石油和可再生能源并存的能源体系，随着加拿大政府不断促进可再生

---

① 事实上，薪材、燃木主导的能源体系持续的时间更长，不过受到数据时限的限制，这里只能说明这一能源体系持续了一个世纪。

能源的发展，这一体系最终转变为可再生能源主导的能源体系。

（二）能源转型的基本规律

对上述代表性国家能源转型的历史变迁进行总结发现，自 1800年以来，人类能源历史上已发生三次能源转型。第一次能源转型，由薪材、燃木和草料主导的能源体系转变为煤炭主导的能源体系；第二次能源转型，由煤炭主导的能源体系转变为多种化石能源并存的能源体系；第三次能源转型，由多种化石能源并存的能源体系转变为可再生能源主导的能源体系。

更重要的是，通过上文对能源转型历史变迁过程的梳理，可发现能源转型的一些基本规律。

规律 1：能源转型是一个历史必然过程，每一次能源转型都与人类经济发展存在紧密联系。

第一次能源转型的发生是工业革命的诉求，原始生物质能不足以支撑工业革命的发展。第二次能源转型是在煤炭日渐枯竭的背景下开始的，煤炭、石油和天然气等化石能源均存在一个致命缺陷，即不可再生性，在人类未找到极具规模的可替代能源之前，各国政府的能源战略是差异化能源消耗结构，因此形成了当前多种化石能源并存的能源体系。第三次能源转型是在全球变暖、环境污染日益受到关注的背景下开启的，人类的经济发展对化石能源的需求量大幅增加，化石能源的高强度使用不仅造成化石能源的耗竭，更带来了巨大的环境问题。为了实现整个人类社会的可持续发展，第三次能源转型已成为一个必然趋势，它也是一个历史必然过程。

规律 2：历史上每一次能源转型过程都是无法完全割裂的，一轮能源转型还未谢幕，又一轮能源转型已登上历史舞台。

能源是经济发展的动力源，而每一次能源转型都是一个漫长的过程，长则上百年，短则几十年，因此，对任何一个国家而言，在旧能源体系下开发新型能源无疑是未雨绸缪之举。

第一次能源转型时，经济发展对能源的需求量相对较小，煤炭储量丰裕，因而最早进行工业革命的国家是在煤炭已完全主导能源体系后才开启第二次能源转型，而进入工业革命较晚的国家，已赶上煤炭资源逐渐耗竭的时期，因此第一次能源转型和第二次能源转型相继发生。人类社会步入 20 世纪中叶，世界各国已相继完成工业革命，相应地，对化石能源的需求量大幅攀升。此后的数十年里多数国家通过第二次能源转型，相继形成了多种化石能源并存的能源体系，但化石能源的不可再生性和环境污染问题，促使德国、瑞典等国在第二次能源转型期间就开始第三次能源转型。

综观各国的能源结构变迁史发现，第一次能源转型和第二次能源转型存在重叠，第二次能源转型与第三次能源转型也存在重叠。此外，由于一些国家更早认识到化石能源的弊端，第三次能源转型几乎紧跟着第二次能源转型的脚步。总结来看，历史上的每一次能源转型是无法完全割裂的。

规律 3：每一次能源转型之后的能源体系都会变得更为高效，更适合相应的时代背景。

第一次能源转型使能源体系由薪材、燃木等原始生物质能主导转变为煤炭主导，干木材的燃烧值为 12 兆焦/千克，煤炭的燃烧值为 29～34 兆焦/千克，煤炭主导的能源体系相对高效（徐旭常等，2012）。第二次能源转型是由煤炭主导的能源体系向多种化石能源并存的能源体系转型，石油的燃烧值为 33～47 兆焦/千克，天然气的燃烧值为 71～88 兆焦/千克，比较来看，多种化石能源并存的能源体系更为高效（徐旭常等，2012）。随着第三次能源转型的开启，以可再生能源为主的电力将逐步提升其在总能耗中的占比，这种转变不仅使能源体系的效率进一步提升，而且对环境更加友好。

当前各国的经济发展目标已不再是对"经济总量"的追逐，而是对"经济质量"的追求。通俗地讲,经济不仅要增长,而且这一增长过程对环境也要友好。总结来看,第三次能源转型既是人类经济发展对更高效能源体系的诉求,更是当前时代背景下可持续发展所必需的。

二 中国的能源现状及与中国经济发展关系

中国是世界上能源消费量最大的国家之一,同时也是世界上碳排放量最多的国家,中国推进第三次能源转型对全球的影响是巨大的。本节将首先分析中国能源的发展现状,然后探讨中国能源现状与经济发展的关系。

(一) 中国能源的发展现状

依据国家统计局公布的数据,中国的总能耗由煤炭、石油、天然气和电力(水电、核电和风电)四个部分组成,2000～2019 年能源消费结构变化如图 4-3 所示。

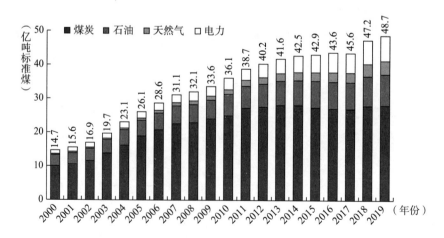

图 4-3 中国能源消费结构变化 (2000～2019 年)

结合图 4-3 发现，自 2000 年起，中国的总能耗以一个较快的速度上升，但能源消费结构变化不大。2000 年，中国的总能耗为 14.7 亿吨标准煤，煤炭占 68.1%，石油占 22.0%，天然气占 2.19%，电力占 7.71%；2019 年，中国的总能耗提升至 48.7 亿吨标准煤，煤炭占 57.7%，石油占 18.9%，天然气占 8.1%，电力占 15.3%。对比 2000 年和 2019 年的能源消费结构，化石能源（未包含电力部门）占比分别为 92.29% 和 84.7%。注意，电力中包含部分化石能源发电，化石能源份额中未包含这部分。基于上文对能源转型历史变迁的分析，当前中国能源体系依旧为多种化石能源并存的能源体系。

值得注意的是，2000～2019 年中国能源消费结构中电力比重由 7.71% 上升至 15.3%。虽然电力是二次能源，但国家统计局在统计这一指标时只包含风电、核电和水电三个部分[①]，因此电力比重的变动在一定程度上反映了风电、水电等可再生能源的发展。基于电力比重的变化和相关数据可发现，中国可再生能源的发展势头是强劲的，以光伏发电为例，2019 年全球新增装机容量为 97.1GW，中国新增装机容量占 30.9%，中国目前已经是世界上最大的光伏发电国家。当然，中国总能耗的增长势头也很强劲，从相对量（可再生能源占能耗的比重）来看，中国可再生能源的未来发展潜力依然巨大。

（二）中国能源转型与中国经济发展的关系

正如前文规律 1 所言，能源转型是一个历史必然过程，每一次能源转型都与人类经济发展存在紧密联系。中国由当前的能源体系转变为可再生能源占优的能源体系与中国的经济发展密切相关。

---

① 不同于化石能源，风能、核能和水能无法直接为经济发展所使用，一般而言，这三种能源被转化为电力能源。在统计过程中，电力虽然是二次能源，但分析能源消费结构时与化石能源并列。

依据世界银行、IEA 和中国国家统计局公布的数据，这里对中国的相关经济指标进行总结（如表 4 - 1 所示），进一步探讨中国能源现状与经济发展的关系。

2000～2019 年，中国经济一直以一个较快的速度增长。对名义 GDP 做不变价处理（基期为 2000 年）后，2000～2005 年、2005～2010 年、2010～2015 年和 2015～2019 年的平均增长率为 9.8%、11.3%、7.9% 和 6.7%。同时，中国 GDP 占世界总 GDP 的比重不断提升，从 2000 年的 4.5% 上升至 2019 年的 13.8%，当前中国已经成为世界上仅次于美国的最具影响力的经济体。

表 4 - 1 中国的主要经济指标（2000～2019 年）

指标	2000 年	2005 年	2010 年	2015 年	2019 年
GDP（万亿美元）	2.23	3.56	6.09	8.91	11.52
占世界 GDP 比重（%）	4.5	6.2	9.3	11.9	13.8
人均 GDP（美元）	1767.9	2732.3	4550.5	6500.4	8242.1
总能耗（百万吨油当量）	1029	1830	2524	3075	3230
能耗强度（吨油当量/千美元）	0.461	0.513	0.415	0.345	0.280
碳排放量（百万吨）	3405	5897	7873	9137	9860
碳排放强度（吨/千美元）	1.53	1.66	1.29	1.03	0.86

注：表中 GDP 为不变价处理后的数据（以 2010 年为基期）。

资料来源：依据世界银行、IEA 和中国国家统计局数据整理。

在上述背景下，中国变革自身能源结构（即能源转型）对世界的影响是巨大的，这一影响主要体现在两个方面。

（1）中国对能源的需求量增大，中国推动能源转型将对世界能源格局产生重大影响。中国总能耗在 2000～2005 年、2005～2010 年、2010～2015 年和 2015～2019 年的平均增长率为 12.2%、6.6%、4.09% 和 1.24%。虽然中国总能耗的增长速度逐渐放缓，但总能耗量占世界总能耗的比重不断提升，2000 年和 2019 年中国总能耗占世界总能耗的比重分别为 15.7% 和 22.1%，中国已成为世界上能耗最大的国家。更重要的是，2019 年中国的能源结构中化石能源占比高达 86.7%，石油对外依存度为 72%。中国政府推动能源转型将改变这一能源结构，即便这种改变是渐进式的，对世界能源格局的影响也是重大的。

（2）中国政府推动能源转型以促进本国碳排放峰值尽早到来，将是实现全球碳减排目标的重要一环。从中国碳排放量的绝对量来看，2000～2019 年中国的碳排放总量增长了 2.90 倍，同时中国碳排量占世界总碳排放量的比重也由 2000 年的 14.6% 提升至 2019 年的 28.8%[①]，中国成为世界上最大的碳排放国家之一。然而，从相对量来看，中国碳排放总量在 2000～2005 年、2005～2010 年、2010～2015 年和 2015～2019 年的平均增长率为 11.6%、6.0%、3.0% 和 1.9%，同时碳排放强度也由 2000 年的 1.53 吨/千美元下降到 2019 年的 0.86 吨/千美元，这种变化与能源转型有着紧密的联系，中国政府推动能源转型有望促进本国碳排放峰值尽快到来。

三　小结

回顾人类的能源发展历史，能源结构已发生了两次转型，第一次为薪材、燃木和草料主导的能源体系向煤炭主导的能源体系转型，第二次为煤炭主导的能源体系向多种化石能源并存的能源体系转型。当前，在全球气候变暖、化石能源逐渐耗竭的背景下，能源体系正由多种化石能源并存向可再生能源占主导转型。

综观近代人类能源转型过程，发现三个基本规律：①能源转型

---

① 依据《2020 年全球碳预算》，2000 年全球碳排放量约为 23241 百万吨，2019 年全球碳排放量约为 34203 百万吨。

是一个历史必然过程，每一次能源转型都与人类经济发展存在紧密联系；②历史上每一次能源转型过程都是无法完全割裂的，一轮能源转型还未谢幕，又一轮能源转型已登上历史舞台；③每一次能源转型之后的能源体系都会变得更为高效，更适合相应的时代背景。

中国已成为世界上最大的能源消耗国之一，同时也是世界上碳排量最大的经济体。中国当前的能源转型不仅会对世界能源格局产生重大影响，也会对全球气候变暖的治理过程产生影响。特别是全球气候变暖问题已经成为一个全球关注的热点问题，中国作为一个能耗大国和碳排放大国，有责任、有义务通过推动能源转型来解决问题。中国政府推动能源转型，离不开相关能源转型理论的指导及能源转型对经济可持续性和经济增长影响的量化研究。

第二篇

能源转型理论研究

第二篇包含两章内容：第5章，能源转型与投入要素关系变化理论；第6章，能源转型的分岔理论。通过这两个方面的研究，可为能源转型理论的完善做出贡献。

无论是能源转型与投入要素关系变化理论，还是能源转型与可持续发展理论，都与能源转型分岔点这个概念密切相关。什么是能源转型的分岔点？首先，能源体系由化石能源和可再生能源组成，化石能源导致环境退化，带来负外部性，可再生能源则是环境友好型能源。如果能源体系中只存在化石能源或者化石能源比重很大，那么使用它所造成的负外部性可能会祸及后代子孙，即经济学上的不可持续发展；反之，如果能源体系中可再生能源的比重上升，这种能源使用所带来的负外部性则会下降。其次，能源转型是一个可再生能源逐渐替代化石能源的过程，结合前文分析，转型过程中必定存在一个点，即当可再生能源比重达到某一阈值时，经济发展将由不可持续状态变迁为可持续状态。这里对分岔点下如下定义：能源转型进度达到某一阈值，在这个阈值前后经济发展呈现两种不同状态（阈值前，经济发展是不可持续的；阈值后，经济发展是可持续的），那么这个阈值称为能源转型的分岔点①。

---

① 关于能源转型的分岔点这一概念，更为详细的说明请见前文相关概念辨析部分。

第 5 章　能源转型与投入要素关系变化理论

在能源转型与投入要素关系变化理论中，主要探讨稳态变迁前后能源要素与资本、劳动要素之间替代（互补）关系的变化。本章包括要素替代弹性、稳态变迁前后能源要素的价格时序特征、稳态变迁前后要素替代弹性比较三个部分。

一　要素替代弹性

关于能源转型对经济系统影响机制的研究中，一个核心问题是探讨能源转型如何影响投入要素之间的关系。投入要素之间的关系发生变化，会对生产环节的要素配置产生影响，最终这一影响会传导至整个经济系统，因此研究能源转型对经济系统的影响机制，首先需要明确能源转型是否影响投入要素之间的关系。此外，关于要素配置如何影响经济系统运行的相关研究较为丰富，所以本节将着重探讨能源转型对投入要素之间关系变动的影响。

要素替代弹性的概念最初由 Hicks 于 1932 年在《工资理论》中提出，以刻画要素之间替代关系的变化（Hicks，1932）；随后，Robinson 给出了一种更为实用且流行的定义：在既定产出不变的条件下，要素替代弹性等于两种要素比率的百分比变化除以边际产量比率的百分比变化（Robinson，1933）。

（一）直接要素替代弹性

当生产函数中只存在两种要素时，要素替代弹性的测度是简单的，但当包含三种或三种以上的要素时，这一问题将变得复杂。对某两种要素的替代弹性进行测度时，需保证其他要素投入数量、边际产量和固定产出不变等条件成立，因此下文将首先给出要素替代弹性的自然扩展表达式（Robinson，1933）：

$$\sigma_{ij} = -\frac{d\left[\ln\left(\frac{x_i}{x_j}\right)\right]}{d\left[\ln\left(\frac{F_j}{F_i}\right)\right]} \tag{5-1}$$

其中，x_i 和 x_j 分别表示第 i 种和第 j 种要素，F_i 和 F_j 分别表示第 i 种和第 j 种要素的边际产量。注意，式（5-1）中 $\ln\left(\frac{F_j}{F_i}\right)$ 即这两种要素的边际技术替代率（MRTS）。

令多要素生产函数 $Y = F(x_1, x_2, \cdots, x_N)$，假定各要素对生产函数的一阶导与二阶导均存在。$F_i$ 和 F_j 分别表示生产函数对第 i 种要素和第 j 种要素的一阶导数，F_{ij} 和 F_{ji} 分别表示生产函数的二阶偏导数，F_{ij} 为生产函数先对第 i 种要素求导，然后再对第 j 种要素求导，F_{ji} 与此类似。当二阶偏导数均是连续时，求导的先后顺序不影响结果，即 $F_{ij} = F_{ji}$。

进一步推导，可得到直接要素替代弹性（Allen，1938）：

$$\sigma_{ij} = \frac{\sum_{k=1}^{N} F_k x_k}{x_i x_j} \frac{H_{ij}}{H} \tag{5-2}$$

其中，H 为加边海塞行列式，H_{ij} 为对应的余子式。H_{ij}/H 的经济学含义为第 j 种要素价格发生变化时，生产者在第 i 种要素上的边际成本变化，即等于影子价格（用拉格朗日乘数表示）乘以第 j 种要素价格变化所引致的第 i 种要素的边际投入量（Uzawa，1962）。关于这一式子的数学推导将在附录 A 给出。

$$H = \begin{vmatrix} 0 & F_1 & \cdots & F_N \\ F_1 & F_{11} & \cdots & F_{N1} \\ \vdots & \vdots & \ddots & \vdots \\ F_N & F_{1N} & \cdots & F_{NN} \end{vmatrix}; H_{ij} = (-1)^{i+j} \begin{vmatrix} 0 & \cdots & F_{j-1} & F_{j+1} & \cdots & F_N \\ \vdots & \ddots & \vdots & \vdots & \vdots & \vdots \\ F_{i-1} & & F_{i-1,j-1} & F_{i-1,j+1} & & F_{i-1,N} \\ F_{i+1} & & F_{i+1,j-1} & F_{i+1,j+1} & & F_{i+1,N} \\ \vdots & & \vdots & \vdots & \ddots & \vdots \\ F_N & \cdots & F_{N,j-1} & F_{N,j+1} & \cdots & F_{N,N} \end{vmatrix}$$

目前，更多关于替代弹性测度的研究偏向于使用成本方程，而非生产方程。首先，估算一个成本方程易于估算一个生产方程，体现为要素价格是外生的，而要素使用量则是内生的，估算生产方程需要考虑内生性问题（Beha and Stevens，2009）；其次，生产函数形式复杂（如柯布－道格拉斯生产函数、固定替代弹性生产函数、超越对数生产函数等形式），不同生产函数形式的选择可能导致差异化的替代弹性测度值；最后，结合本书研究的问题，能源转型过程中能源要素和其他要素以何种形式进入生产方程以及分段函数的每一段函数形式如何选择均未知，使用直接要素替代弹性来分析是棘手的。因此，这里将使用基于成本函数的要素替代弹性测度方法。

（二）基于成本函数的要素替代弹性

在既定的要素约束条件下最优求解生产函数与在既定产出水平下最优求解成本函数互为一组对偶问题，具体而言：

$$\begin{array}{l|l} \operatorname{Max} Y = F(x_1, x_2, \cdots, x_N) & \operatorname{Min} C = \sum_{k=1}^{N} x_k w_k \\ \text{s. t. } \sum_{k=1}^{N} x_k w_k = \overline{C} & \text{s. t. } F(x_1, x_2, \cdots, x_N) = \overline{Y} \end{array} \qquad (5-3)$$

其中，$\bar{C}$ 表示企业总要素成本（$\bar{C}$ 是一个常数），w_k 表示第 k 种要素的市场价格，$\bar{Y}$ 表示企业产出水平（$\bar{Y}$ 也是一个常数）。当且仅当企业在既定总要素成本 $\bar{C}$ 约束下的产出等于 $\bar{Y}$ 时，上述两个问题为一组对偶问题，前者被称为原问题，后者被称为对偶问题。

依据谢泼特引理（Shephard's Lemma），最小成本函数 $C(\bar{Y}, w)$ 对要素价格 w 的偏导数应等于既定产出水平下使总成本最低的要素数量，进而有：

$$x_i = \frac{\mathrm{d}C(\bar{Y}, w)}{\mathrm{d}w_i}; x_j = \frac{\mathrm{d}C(\bar{Y}, w)}{\mathrm{d}w_j} \qquad (5-4)$$

依式（5-3）构建拉格朗日函数，即 $L = \sum_{k=1}^{N} x_k w_k + \lambda [\bar{Y} - F(x_1, x_2, \cdots, x_N)]$，进而可得到其一阶导条件 $w_k = \lambda F_k$。由于 $\sum_{k=1}^{N} x_k w_k = C$，故可得到：

$$C = \sum_{k=1}^{N} w_k x_k = \lambda \sum_{k=1}^{N} F_k x_k \qquad (5-5)$$

依据 Uzawa（1962）对 H_{ij}/H 经济学含义的解释，可得到：

$$\frac{\mathrm{d}^2 C(\bar{Y}, w)}{\mathrm{d}w_i \mathrm{d}w_j} = \frac{\mathrm{d}x_i}{\mathrm{d}w_j} = \frac{1}{\lambda}\frac{H_{ij}}{H} \qquad (5-6)$$

联合式（5-2）、式（5-4）、式（5-5）和式（5-6），可将基于生产函数的要素替代弹性转换为基于成本函数的替代弹性，即为：

$$\sigma_{ij} = \frac{C}{[\mathrm{d}C(\bar{Y}, w)/\mathrm{d}w_i][\mathrm{d}C(\bar{Y}, w)/\mathrm{d}w_j]}\frac{\mathrm{d}x_i}{\mathrm{d}w_j} \qquad (5-7)$$

在附录 A 中将给出基于成本函数的替代弹性的具体推导过程，后面将基于式（5-7）并结合能源转型中能源要素的价格时序特征变化，探讨稳态变迁前后能源要素与劳动、资本两类要素的替代（互补）关系变化。

二　稳态变迁前后能源要素的价格时序特征

基于式（5-7）所示要素替代弹性的测度方法，探讨稳态变迁前后要素替代弹性的变化需要比较能源要素在稳态变迁前后的价格趋势。

令 γ 表示能源转型进度，γ^* 表示能源转型的分岔点，W_E 表示能源价格①。当 $\gamma < \gamma^*$ 时，表示能源体系中化石能源占优，γ 左偏离 γ^* 越远意味着可再生能源占总能源的比重越低；当 $\gamma > \gamma^*$ 时，表示能源体系中可再生能源占优，γ 右偏离 γ^* 越远意味着可再生能源占总能源的比重越高。

比较可再生能源与化石能源在能源市场中的竞争力时，能源价格是一个重要指标。为便于表述和后续分析，这里做如下说明。

第一，若能源体系不存在能源转型，那么能源价格 $W_E = W_E(t)$ 是一个递增函数，如图 5-1 中"$A+①$"型曲线所示。纵观整个化石能源价格的时间趋势，虽然价格会发生波动，但总体趋势是逐渐增加的。

第二，在图 5-1 中，分岔点左侧的实线为化石能源主导下的能源价格，虚线为可再生能源价格；分岔点右侧的实线为可再生能源主导下的能源价格，虚线为化石能源价格。

第三，在能源转型前期，可再生能源在价格上是处于劣势的。

---

① 不失一般性，这里的能源价格为一种加权价格，即它受制于化石能源和可再生能源的市场势力。具体而言，当能源体系中化石能源占优时，能源价格由化石能源供给厂商决定；当能源体系中可再生能源占优时，能源价格由可再生能源供给厂商决定。

因为这里存在一个普遍性的认知：当前，国家需要对可再生能源进行各种补贴或者实施偏向性的政策以刺激可再生能源产业发展。此外，随着相关技术的发展，可再生能源价格会逐渐与化石能源价格趋同。在图 5 - 1 中，分岔点 γ^* 左边的三条虚线（B、C 和 D）表示可再生能源价格的时间趋势。

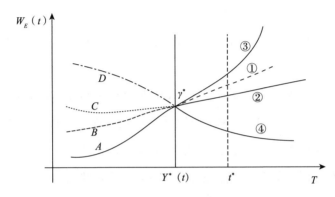

图 5 - 1　能源价格的时变趋势

第四，能源价格在分岔点后的变化趋势是复杂的，但总结而言可分为三类[①]：可再生能源主导下的能源价格快速上升（如图中③）并高于化石能源价格的上升速度（如图中①所示）；可再生能源主导下的能源价格缓慢上升（如图中②所示）且慢于化石能源价格的上升速度；可再生能源主导下的能源价格逐渐降低（如图中④所示）。

为便于表述，令"A + ①"型曲线的能源价格 $W_E(t)$ 对任意时点 t^* 求导为 φ（$\varphi > 0$），即 $\left.\dfrac{\mathrm{d}\,W_E(t^*)}{\mathrm{d}t}\right|_{\gamma < \gamma^*} = \varphi$。同时结合上述说明，能源价格的时间变化趋势可分为以下三种类型。

---

①　由于"A + ①"型曲线反映不存在能源转型的能源价格趋势，因此 A 实线在分岔点左边是真实存在的，但①虚线在分岔点右边不存在。由于本节要探讨分岔点前后能源要素与其他要素的替代弹性变化，因而需要在分岔点右侧假想出一条不存在能源转型的能源价格趋势线，如图 5 - 1 中的①虚线所示。进而，以①虚线为参照线，刻画出能源转型突破分岔点后三种能源价格的时序曲线。

（1）"$A+②$"型：当能源转型突破分岔点后，能源价格的上升速度逐渐放缓，分岔点后能源价格对时间的导数为 $0 < \left.\dfrac{\mathrm{d}\,W_E\,(t^*)}{\mathrm{d}t}\right|_{\gamma>\gamma^*} < \varphi$。

（2）"$A+③$"型：当能源转型突破分岔点后，能源价格的上升速度加快，分岔点后能源价格对时间的导数为 $\left.\dfrac{\mathrm{d}\,W_E\,(t^*)}{\mathrm{d}t}\right|_{\gamma>\gamma^*} > \varphi$。

（3）"$A+④$"型：当能源转型突破分岔点后，能源价格开始下跌，分岔点后能源价格对时间的导数为 $\left.\dfrac{\mathrm{d}\,W_E\,(t^*)}{\mathrm{d}t}\right|_{\gamma>\gamma^*} < 0$。

三　稳态变迁前后要素替代弹性比较

探讨稳态变迁前后要素替代弹性的变化，核心在于比较原路径上的要素替代弹性和新路径上的要素替代弹性。具体而言，若能源转型过程中经济发展不存在稳态变迁，那么能源价格的时变趋势线为"$A+①$"型曲线，这里称"$A+①$"型曲线中①虚线为原路径。然而，能源转型是一个历史必然过程，必将突破分岔点（经济发展随之发生稳态变迁），进而能源价格的趋势线应为"$A+②$"、"$A+③$"或"$A+④$"型曲线，这里的②、③和④实线即为可能的新路径。

在后续的分析过程中，需做如下假定①。

第一，假定企业家对能源价格的时变趋势拥有完全信息，即无论能源转型在突破分岔点后能源价格走上哪一条新路径，企业家都能够准确地知道能源价格的变动趋势。

---

① 这些假定并不会影响本节的基本结论，但可以大幅度地简化分析。

第二，本节分析是静态的，生产过程中的要素重配不耗费时间。换句话说，能源价格无论走上哪一条新路径，企业家都可以瞬间对要素进行重新配置。

为比较原路径上的要素替代弹性和新路径上的要素替代弹性，这里需要对式（5-7）做相应变形。由于 $\dfrac{dC\ (\bar{Y},\ w)}{d\,w_i}=x_i$，$\dfrac{dC\ (\bar{Y},\ w)}{d\,w_j}=x_j$，式（5-7）可进一步写作：

$$\sigma_{ij}=\frac{C}{[\,dC(\bar{Y},w)/d\,w_i\,]\,[\,dC(\bar{Y},w)/d\,w_j\,]}\frac{d\,x_i}{d\,w_j}=\frac{C}{x_i x_j}\frac{d\,x_i}{d\,w_j} \qquad (5-8)$$

选取分岔点后对任意时间 t，总成本 C 可表示为 $C\ (t^*)$，x_i、x_j 和 w_j 可以写成 $x_i\ (t^*)$、$x_j\ (t^*)$ 和 $w_j\ (t^*)$。然后，对式（5-8）右边的分子和分母同时除以 $d\,t^*$：

$$\sigma_{ij}(t^*)=\frac{C(t^*)}{x_i(t^*)x_j(t^*)}\frac{d\,x_i(t^*)/d\,t^*}{d\,w_j(t^*)/d\,t^*} \qquad (5-9)$$

更确切地说，本节所研究的问题即比较原路径和新路径上任意同时点 t 时的 $\sigma_{ij}\ (t^*)$ 值变化。在任意同时点下，式（5-9）具有如下经济特征。

首先，企业总要素成本不变，即 $C\ (t^*)$ 为一个常数 $\bar{C}$，$\bar{C}>0$。比较两种路径下要素替代弹性的变化，如果总要素成本发生变化，那么这个问题将是没有意义的，因为总要素成本发生变化，表示约束条件发生变化，继而最优的要素使用数量也会发生变化，要素替代弹性必然改变。

其次，两种要素在时点 t^* 的投入量均为常数，即 $x_i\ (t^*)=\bar{x}_i$，$x_j\ (t^*)=\bar{x}_j$。由于原路径在能源转型突破分岔点后不存在，因此在比较原路径和新路径上两种要素替代弹性的变化时，只能以新路径上的能源价格来最优化要素投入数量。若依原路径来求解最优要素投入数量，该值与新路径的求解值会存在差异，但是这种差异不影响本节的结论。本节重点关注要素替代弹性的正负变号问题，而要素投入量始终为正，为简化分析，这里将两种要素在时点 t^* 的投入量均设为常数。

最后，劳动要素（L）对时间 t 的导数和资本要素（K）对时间 t^* 的导数的正负号仅受制于技术进步的类型，同时非指定技术进步的导数大于 0 且在两种路径上相同。具体而言，当技术进步类型为哈罗德技术进步（劳动节约型）时，劳动要素对时间的导数小于 0，即 $[\mathrm{d}L(t^*)/\mathrm{d}t^*]^H < 0$；而索洛或希克斯技术进步类型下劳动对时间的导数大于 0，即 $[\mathrm{d}L(t^*)/\mathrm{d}t^*]^S > 0$。同理，当技术进步类型为索洛技术进步（资本节约型）时，资本要素对时间的导数小于 0，即 $[\mathrm{d}K(t^*)/\mathrm{d}t^*]^S < 0$；而哈罗德或希克斯技术进步类型下资本对时间的导数大于 0，即 $[\mathrm{d}K(t^*)/\mathrm{d}t^*]^H > 0$。

（一）劳动与能源的要素替代弹性比较

令原路径下劳动和能源的替代弹性为 $\sigma_{LE}(t^*)^1$，新路径下劳动和能源的替代弹性为 $\sigma_{LE}(t^*)^2$：

$$\sigma_{LE}(t^*)^1 = \frac{\overline{C}}{LE} \frac{\mathrm{d}L(t^*)/\mathrm{d}t^*}{\left[\dfrac{\mathrm{d}W_E(t^*)}{\mathrm{d}t^*}\right]\bigg|_{\gamma < \gamma^*}} \tag{5-10}$$

$$\sigma_{LE}(t^*)^2 = \frac{\overline{C}}{LE} \frac{\mathrm{d}L(t^*)/\mathrm{d}t^*}{\left[\dfrac{\mathrm{d}W_E(t^*)}{\mathrm{d}t^*}\right]\bigg|_{\gamma > \gamma^*}} \tag{5-11}$$

$$\frac{\sigma_{LE}(t^*)^1}{\sigma_{LE}(t^*)^2} = \frac{\left[\dfrac{\mathrm{d}W_E(t^*)}{\mathrm{d}t^*}\right]\bigg|_{\gamma > \gamma^*}}{\left[\dfrac{\mathrm{d}W_E(t^*)}{\mathrm{d}t^*}\right]\bigg|_{\gamma < \gamma^*}} \tag{5-12}$$

其中，若替代弹性 $\sigma_{LE} > 0$，表示劳动和能源两种要素之间为替代关系；若替代弹性 $\sigma_{LE} < 0$，则表示这两种要素之间为互补关系（Henningsen，2014）。若 $\dfrac{\sigma_{LE}\ (t^*)^1}{\sigma_{LE}\ (t^*)^2}$ 的比值大于 1，表示这两种要素的替代（互补）关系减弱；若该比值大于 0 小于 1，表示这两种要素的替代（互补）关系增强；若该比值小于 0，表示这两种要素的关系逆转（郝枫，2015）。

1. 哈罗德技术进步下的要素关系比较

若技术进步类型为哈罗德技术进步，那么 $\mathrm{d}L\ (t^*)\ /\mathrm{d}t^* = [\mathrm{d}L\ (t^*)\ /\mathrm{d}t^*]^H < 0$。原路径下 $\dfrac{\mathrm{d}W_E\ (t^*)}{\mathrm{d}t^*}\Big|_{\gamma < \gamma^\cdot} = \varphi$，同时令 $\dfrac{\overline{C}}{LE} = a$（$a$ 为一个大于 0 的常数），那么原路径下劳动与能源的替代弹性值为 $\dfrac{a}{\varphi}\left[\dfrac{\mathrm{d}L\ (t^*)}{\mathrm{d}t^*}\right]^H < 0$，即劳动和能源要素之间为互补关系。为什么哈罗德技术进步下劳动和能源两种要素的关系为互补？哈罗德技术进步为劳动节约型的技术进步，该进步使得在企业既定总要素成本约束下进行最优要素投入配比时，可以投入相对更少的劳动要素。依据要素边际报酬递减规律，劳动要素投入量越低，劳动要素的边际产量越高，在能源投入量和能源要素的边际产量不变的条件下，劳动投入量对能源投入量比值的微小增加，势必会导致劳动边际产量对能源边际产量比值的更大幅度增加，这种关系显然是一种互补关系。

三种新路径下的劳动和能源之间的关系分别如下。

"$A+②$"型下满足 $0 < \dfrac{\mathrm{d}W_E\ (t^*)}{\mathrm{d}t}\Big|_{\gamma > \gamma^\cdot} < \varphi$，那么劳动与能源的替代弹性值也小于 0，但 $0 < \dfrac{\sigma_{LE}\ (t^*)^1}{\sigma_{LE}\ (t^*)^2} < 1$，意味着这两种要素之间的互补关系增强了。为什么"$A+②$"型下劳动与能源的互补关系会增强？相对于"$A+①$"型中的原路径，"$A+②$"型中新路径下

能源价格上升的幅度更小。如果这两种路径同时存在，那么同一时点 t^* 下新路径的能源价格更低一些。在其他条件不变的背景下，企业在既定总要素成本约束下扩大生产规模以获取产量上的规模效益，这也将进一步拉大劳动边际产量对能源边际产量的比值，进而这种互补关系增强。

"$A+③$" 型下满足 $\left.\dfrac{\mathrm{d}\,W_E\,(t^*)}{\mathrm{d}t}\right|_{\gamma>\gamma^*}>\varphi$，那么劳动与能源的替代弹性值也小于 0，但 $\dfrac{\sigma_{LE}\,(t^*)^1}{\sigma_{LE}\,(t^*)^2}>1$，意味着这两种要素之间的互补关系减弱了。为什么 "$A+③$" 型下劳动与能源的互补关系会减弱？类似于 "$A+②$" 型的分析逻辑，但此路径下能源价格变得更高，这将缩小劳动边际产量对能源边际产量的比值，进而这种互补关系弱化。

"$A+④$" 型下满足 $\left.\dfrac{\mathrm{d}\,W_E\,(t^*)}{\mathrm{d}t}\right|_{\gamma>\gamma^*}<0$，那么劳动与能源的替代弹性值大于 0，且 $\dfrac{\sigma_{LE}\,(t^*)^1}{\sigma_{LE}\,(t^*)^2}<0$，意味着这两种要素之间的互补关系转变为替代关系。为什么 "$A+④$" 型下劳动与能源的关系会逆转呢？"$A+④$" 型的能源价格呈现下降趋势，能源价格变得越发低廉。由于能源价格越来越低，能源要素在生产过程中会挤出一部分劳动要素，最终导致劳动与能源之间由互补关系转变为替代关系。

2. 索洛技术进步或希克斯技术进步下的要素关系比较

若技术进步类型为索洛技术进步或希克斯技术进步，那么 $\mathrm{d}L\,(t^*)\,/\mathrm{d}\,t^*=\left[\mathrm{d}L\,(t^*)\,/\mathrm{d}\,t^*\right]^s>0$。遵循上述分析方式，原路径下劳动与能源的替代弹性值为 $\dfrac{a}{\varphi}\left[\dfrac{\mathrm{d}L\,(t^*)}{\mathrm{d}\,t^*}\right]^s>0$，即劳动和能源要素之间为替代关系。当技术进步为索洛技术进步或希克斯技术进步时，

技术进步并不会节约劳动。在原路径下能源价格会逐渐上升，同时劳动力价格以更快速度上涨，这使得企业倾向于减少劳动要素投入而选择能源来供给动力，即能源在生产过程中会挤出一部分劳动要素投入量，劳动与能源之间互为替代关系。

三种"新路径"下的劳动和能源之间的关系分别如下。

"$A + ②$"型下满足 $0 < \left. \dfrac{\mathrm{d}\, W_E\, (t^*)}{\mathrm{d}t} \right|_{\gamma > \gamma^*} < \varphi$，那么劳动与能源的替代弹性值大于 0，但 $0 < \dfrac{\sigma_{LE}\, (t^*)^1}{\sigma_{LE}\, (t^*)^2} < 1$，意味着这两种要素之间的替代关系增强了。在"$A + ②$"型下，能源价格的上升幅度相对原路径而言更小，企业势必更大幅度地减少劳动要素投入量并增加能源要素投入量，即能源在生产过程中将挤出更大比例的劳动要素投入量，这两种要素之间的关系增强。

"$A + ③$"型下满足 $\left. \dfrac{\mathrm{d}\, W_E\, (t^*)}{\mathrm{d}t} \right|_{\gamma > \gamma^*} > \varphi$，那么劳动与能源的替代弹性值也大于 0，但 $\dfrac{\sigma_{LE}\, (t^*)^1}{\sigma_{LE}\, (t^*)^2} > 1$，意味着这两种要素之间的替代关系减弱了。相比原路径而言，"$A + ③$"型下能源价格的上升幅度更大，甚至大于劳动力价格的上升幅度，这将使得企业削减能源要素对劳动要素的替换量，即能源在生产过程中将挤出更小比例的劳动要素投入量，劳动与能源之间的替代关系减弱。

"$A + ④$"型下满足 $\left. \dfrac{\mathrm{d}\, W_E\, (t^*)}{\mathrm{d}t} \right|_{\gamma > \gamma^*} < 0$，那么劳动与能源的替代弹性值小于 0，且 $\dfrac{\sigma_{LE}\, (t^*)^1}{\sigma_{LE}\, (t^*)^2} < 0$，意味着这两种要素之间的替代关系转变为互补关系。"$A + ④$"型下的能源价格逐渐下降，在索洛技术进步或希克斯技术进步下由于劳动无法被节约，企业面对日益下跌的能源价格，其最优决策是将生产过程中的动力供给主要交予能源

要素来完成。此时劳动投入量较低，而能源投入量较高，导致劳动的边际产量要远大于能源的边际产量，对企业家来说，稍微调整劳动投入量对能源投入量的比例，将获得劳动边际产量对能源边际产量比值的显著上升，这种关系即为互补关系。

（二）资本与能源的要素替代弹性比较

令原路径下资本和能源的替代弹性为 $\sigma_{KE}(t^*)^1$，新路径下资本和能源的替代弹性为 $\sigma_{KE}(t^*)^2$：

$$\sigma_{KE}(t^*)^1 = \frac{\overline{C}}{\overline{KE}} \frac{\mathrm{d}K(t^*)/\mathrm{d}t^*}{\left[\dfrac{\mathrm{d}W_E(t^*)}{\mathrm{d}t^*}\right]\bigg|_{\gamma<\gamma^*}} \tag{5-13}$$

$$\sigma_{KE}(t^*)^2 = \frac{\overline{C}}{\overline{KE}} \frac{\mathrm{d}K(t^*)/\mathrm{d}t^*}{\left[\dfrac{\mathrm{d}W_E(t^*)}{\mathrm{d}t^*}\right]\bigg|_{\gamma>\gamma^*}} \tag{5-14}$$

$$\frac{\sigma_{KE}(t^*)^1}{\sigma_{KE}(t^*)^2} = \frac{\left[\dfrac{\mathrm{d}W_E(t^*)}{\mathrm{d}t^*}\right]\bigg|_{\gamma>\gamma^*}}{\left[\dfrac{\mathrm{d}W_E(t^*)}{\mathrm{d}t^*}\right]\bigg|_{\gamma<\gamma^*}} \tag{5-15}$$

同理，资本与能源要素替代弹性值的解释及比较遵循上述分析范式。

1. 索洛技术进步下的要素关系比较

若技术进步类型为索洛技术进步，那么 $\mathrm{d}K(t^*)/\mathrm{d}t^* = [\mathrm{d}K(t^*)/\mathrm{d}t^*]^s < 0$。同样，原路径下 $\dfrac{\mathrm{d}W_E(t^*)}{\mathrm{d}t^*}\bigg|_{\gamma<\gamma^*} = \varphi$，令 $\dfrac{\overline{C}}{\overline{KE}} = b$（$b$ 为一个大于 0 的常数），那么原路径下资本与能源的替代弹性值为 $\dfrac{b}{\varphi}\left[\dfrac{\mathrm{d}K(t^*)}{\mathrm{d}t^*}\right]^s < 0$，即资本和能源要素之间为互补关系。

三种新路径下资本和能源之间的关系分别如下。

"$A+②$" 型下满足 $0 < \dfrac{\mathrm{d}\,W_E\,(t^*)}{\mathrm{d}t}\bigg|_{\gamma>\gamma^*} < \varphi$，那么资本与能源的替代弹性值小于0，但 $0 < \dfrac{\sigma_{KE}\,(t^*)^1}{\sigma_{KE}\,(t^*)^2} < 1$，意味着这两种要素之间的互补关系增强了。

"$A+③$" 型下满足 $\dfrac{\mathrm{d}\,W_E\,(t^*)}{\mathrm{d}t}\bigg|_{\gamma>\gamma^*} > \varphi$，那么资本与能源的替代弹性值也小于0，但 $\dfrac{\sigma_{KE}\,(t^*)^1}{\sigma_{KE}\,(t^*)^2} > 1$，意味着这两种要素之间的互补关系减弱了。

"$A+④$" 型下满足 $\dfrac{\mathrm{d}\,W_E\,(t^*)}{\mathrm{d}t}\bigg|_{\gamma>\gamma^*} < 0$，那么资本与能源的替代弹性值大于0，且 $\dfrac{\sigma_{KE}\,(t^*)^1}{\sigma_{KE}\,(t^*)^2} < 0$，意味着这两种要素之间的互补关系转变为替代关系。

2. 哈罗德技术进步或希克斯技术进步下的要素关系比较

若技术进步类型为哈罗德技术进步或希克斯技术进步，那么 $\mathrm{d}K\,(t^*)\,/\mathrm{d}\,t^* = [\,\mathrm{d}K\,(t^*)\,/\mathrm{d}\,t^*\,]^H > 0$。遵循上述分析方式，原路径下资本与能源的替代弹性值为 $\dfrac{b}{\varphi}\Big[\dfrac{\mathrm{d}K\,(t^*)}{\mathrm{d}\,t^*}\Big]^H > 0$，即资本和能源要素之间为替代关系。

三种新路径下资本和能源之间的关系分别如下。

"$A+②$" 型下满足 $0 < \dfrac{\mathrm{d}\,W_E\,(t^*)}{\mathrm{d}t}\bigg|_{\gamma>\gamma^*} < \varphi$，那么资本与能源的替代弹性值大于0，但 $0 < \dfrac{\sigma_{LE}\,(t^*)^1}{\sigma_{LE}\,(t^*)^2} < 1$，意味着这两种要素之间的替代关系增强了。

"$A+③$" 型下满足 $\dfrac{\mathrm{d}\,W_E\,(t^*)}{\mathrm{d}t}\bigg|_{\gamma>\gamma^*} > \varphi$，那么资本与能源的替代

弹性值也大于 0 ，但 $\dfrac{\sigma_{LE}\ (t^*)^1}{\sigma_{LE}\ (t^*)^2} > 1$ ，意味着这两种要素之间的替代关

系减弱了。

　　"$A + ④$" 型下满足 $\dfrac{\mathrm{d}\,W_E\ (t^*)}{\mathrm{d}t}\bigg|_{\gamma > \gamma^{\cdot}} < 0$ ，那么资本与能源的替代

弹性值小于 0 ，且 $\dfrac{\sigma_{LE}\ (t^*)^1}{\sigma_{LE}\ (t^*)^2} < 0$ ，意味着这两种要素之间的替代关系

转变为互补关系。

　　总结来看，资本与能源要素的替代弹性在分岔点前后的变化与劳动与能源的情况类似。当技术进步为索洛技术进步时，资本是被节约的，原路径下资本与能源之间为互补关系。若在新路径下能源价格仍然保持上涨趋势，那么它们二者的互补关系不变，但这种关系的强弱发生变化且取决于能源价格的相对上涨趋势（即新路径下能源价格的上涨趋势相对于原路径下能源价格的上涨趋势）；若新路径下能源价格转变为下降趋势，那么二者之间的互补关系逆转为替代关系。当技术进步为哈罗德或希克斯技术进步时，资本是未被节约的，原路径下资本与能源之间为替代关系，而新路径下的三种情形与索洛技术进步的情形相反。考虑到资本和劳动在生产过程中均具有提供动力的职责（劳动能够直接提供动力，资本是间接提供动力，如资本中的设备是省力的，那么省力部分可视作资本间接提供的动力），这里不再对资本与能源要素之间关系的变动进行解释。

四　小结

　　能源与资本、劳动之间的要素替代（互补）弹性在稳态变迁前后的确会发生变化。

　　对能源与劳动而言，若技术进步为哈罗德技术进步，则在分岔

点之前，能源与劳动之间为互补关系，在分岔点之后有两种情形：第一种，若分岔点之后的能源价格仍然保持上涨趋势，那么二者关系不变，但互补弹性值发生改变，且取决于能源价格的相对上涨趋势（分岔点之后的能源价格上涨趋势相对于分岔点之前的能源价格上涨趋势）；第二种，若分岔点之后能源价格趋于不变或下降，那么二者之间的互补关系逆转为替代关系。若技术进步为索洛或希克斯技术进步，劳动未被节约，在分岔点之前能源与劳动互为替代关系，在分岔点之后若能源价格趋于不变或下跌，二者关系将由替代关系逆转为互补关系。

对能源与资本而言，若技术进步为索洛技术进步，则在分岔点之前，能源与资本之间是一对互补要素，在分岔点之后同样存在两种情形：第一种，若能源价格继续保持上涨趋势，二者关系不变，但互补弹性值发生改变；第二种，若能源价格趋于不变或下跌，二者关系由互补关系变为替代关系。若技术进步为哈罗德或希克斯技术进步，资本未被节约，在分岔点之前能源与资本互为替代关系，在分岔点之后若能源价格趋于不变或下降，二者的替代关系逆转为互补关系。

第6章　能源转型的分岔理论

　　本章可分为能源转型的分岔理论和真实储蓄量作为可持续性指标的量化逻辑模型两个部分。第二部分的研究为第三篇的实证分析提供支撑。

　　在能源转型的分岔理论中，主要包括：利用分岔理论和可持续发展理论构建能源转型经济模型，识别能源转型的分岔点，探讨影响分岔点变动的因素。在真实储蓄量作为可持续性指标的量化逻辑模型中，阐明真实储蓄量是怎样成为量化经济可持续性的指标的，以及它的内在经济学逻辑是什么。

一　能源转型的分岔理论

　　能源转型下经济发展状态会发生改变，当能源转型推进到一定程度，经济发展会由不可持续状态变迁为可持续状态。本节旨在讨论能源转型如何导致经济发展状态实现稳态变迁，识别发生稳态变迁的分岔点，以及探讨影响分岔点变动的因素。

　　本节共包含五个部分：第一部分，介绍分岔理论并基于该理论设计适合本书分析的数学方法；第二部分，基于分岔理论构建能源转型经济模型；第三部分，能源转型下的霍特林规则和哈特维克准则；第四部分，能源转型经济模型的深化；第五部分，状态分岔、分岔点识别及其影响因素。为什么要对能源转型经济模型进行深化？
因为能源转型会催生绿色产业发展，绿色产业的发展会给经济系统
带来直接的正外部性，这里考虑正外部性的引入是否会改变本书的
基本结论。

（一）分岔理论

1. 基本概念

令 $X \subset R$，$U \subset R$，表示 X 和 U 均为实数集 R 上的一个非空子集。
$f: X \times U \to R$ 表示定义域为 $X \times U$，值域为 R 的 f 函数，$g: X \times U \to R$ 表
示定义域为 $X \times U$，值域为 R 的 g 函数，前者遵循 f 映射规则，后者
则遵循 g 映射规则。此外，这两个映射在定义域 $X \times U$ 上均可微和连
续，且它们的各阶偏导数均在该定义域内存在。

一个基本动态系统包括两个部分：

$$G(x,u) = \int_0^\infty g[x(t),u(t)] e^{-\rho t} \mathrm{d}t \qquad (6-1)$$

$$x(\dot{t}) = f[x(t),u(t)] \qquad (6-2)$$

其中，$x(t) \in X$ 和 $u(t) \in U$ 对任何时点 $(t \geq 0)$ 均成立，其中
$x(0) = \xi$ 为初始条件。

结合上述两式，构建现值汉密尔顿函数，为方便表述，隐去时
间标注：

$$H(x,u,\lambda) = g(x,u) + \lambda f(x,u) \qquad (6-3)$$

为了得到最优的 x 和 u 的最优时间路径，式（6-3）应满足以
下两个必要条件：

$$H_u = \frac{\mathrm{d}H(x,u,\lambda)}{\mathrm{d}u} = 0, \quad \dot{\lambda} = -\frac{\mathrm{d}H(x,u,\lambda)}{\mathrm{d}x} + \rho\lambda \qquad (6-4)$$

　　这里，定义 $\{x\,(i)^*,\,u\,(i)^*\}$ 为一个动态系统的最优时间路径，在该路径下可保证 $G\,(x,\,u)$ 取得最大值。接下来，在前文基础上结合分岔理论，设计出一种甄别最优路径变化分岔点的方法：当外生参数突破一个阈值时（其他条件保持不变），最优时间路径由一种原路径转变为新路径。

2. 动态系统分岔及其分岔点

　　当一个动态系统内的外生参数发生变化时，基于最优化求解得到的最优时间路径也会随之变化。若外生参数的变化在一个范围内，最优时间路径不会发生质的变化；但若外生参数的变化突破一个阈值，则最优时间路径将发生质变。在动态系统学中，因外生参数突破其阈值，进而导致一个动态系统的最优时间路径发生质变，这种现象被称作动态系统的分岔，而该阈值被称作分岔点（He and Barnett，2006）。

　　（1）最优时间路径分岔的可能形式。

　　为设计一种甄别最优路径变化分岔点的方法，这里首先需对基本动态系统中的（6-1）式做一个简单处理。式（6-1）是一个目标函数，在经济学中它可以为总福利函数，亦可为利润函数。另外，经济行为往往具有外部性，它会改变目标函数的形式。这里，假设存在一个刻画外部性的新函数 g'，它同样为 $g'：X \times U \rightarrow R$，但此时它遵循 g' 映射规则。

　　进而，式（6-1）可改写为式（6-5），并定义式（6-5）为包含外部性的目标函数：

$$G(x,u) = \int_{0}^{\infty} \{g[\,x(t),u(t)\,] + g'[\,x(t),u(t)\,]\}e^{-\rho t}\mathrm{d}t \qquad (6-5)$$

　　同时，这里不改变动态系统的约束条件，即不改变式（6-2），构建现值汉密尔顿函数，并依据该函数的最优时间路径求解的必要条件，得到一个新的最优时间路径，计作：$\{x\,(i)^*,\,u\,(i)^*\}^2$。为便于后续分析和表述，这里将不包含外部性的动态系统所求解的最优时间路径计作：$\{x(\overset{.}{i})^*, u(\overset{.}{i})^*\}^1$。

为说明动态系统的最优时间路径分岔的可能形式，在不改变其他条件的情况下，可通过比较 $\{x(\overset{.}{i})^*, u(\overset{.}{i})^*\}^1$ 和 $\{x(\overset{.}{i})^*, u(\overset{.}{i})^*\}^2$ 来判断系统的最优时间路径是否发生变化。对汉密尔顿函数而言，$x(\overset{.}{i})^*$ 可表示为：

$$x(\overset{.}{i})^* = \frac{\mathrm{d}H(x, u, \lambda)}{\mathrm{d}\lambda} \equiv f[x(t), u(t)] \qquad (6-6)$$

因此，若需比较 $\{x(\overset{.}{i})^*, u(\overset{.}{i})^*\}^1$ 和 $\{x(\overset{.}{i})^*, u(\overset{.}{i})^*\}^2$ 两者的差异，只需比较 $u(\overset{.}{i})^*$ 在两个系统中的差异，进而可将 $\{x(\overset{.}{i})^*, u(\overset{.}{i})^*\}^1$ 简写为 $\{u(\overset{.}{i})^*\}^1$，将 $\{x(\overset{.}{i})^*, u(\overset{.}{i})^*\}^2$ 简写为 $\{u(\overset{.}{i})^*\}^2$。

动态系统的最优时间路径分岔可能存在以下三种形式。

第一种形式称作"无差异路径"。对任意时点 t 而言，$\{u(\overset{.}{i})^*\}^1$ 和 $\{u(\overset{.}{i})^*\}^2$ 里所有数值均大于 0，或者均小于 0，计作 $\{u(\overset{.}{i})^*\}^1 \approx \{u(\overset{.}{i})^*\}^2$。这种关系说明：目标函数在考虑外部性后，基于现值汉密尔顿函数的最优化必要条件所求解得到的最优时间路径与不考虑外部性的最优时间路径无本质差异。这里将这两种路径称作"无差异路径"。

第二种形式称作" I 型路径逆转"。对任意时点 t 而言，$\{u(\overset{.}{i})^*\}^1$ 里所有数值均大于 0，而 $\{u(\overset{.}{i})^*\}^2$ 里所有数值均小于 0。这种关系说明：在未考虑外部性的情形下，最优时间路径上变量 u 的数值呈现一个上升趋势；在考虑外部性的情形下，最优时间路径上变量 u 的数值呈现一个下降趋势。显然，两种最优时间路径相反，这里将这两种路径称作" I 型路径逆转"。

第三种形式称作" II 型路径逆转"。对任意时点 t 而言，

$\{u(i)^*\}^1$ 里所有数值均小于 0，而 $\{u(i)^*\}^2$ 里所有数值均大于 0。
这种关系说明：在未考虑外部性的情形下，最优时间路径上变量 u
的数值呈现一个下降趋势；在考虑外部性的情形下，最优时间路
径上变量 u 的数值呈现一个上升趋势。显然，这两种最优时间路径
也相反，但与"Ⅰ型路径逆转"恰好相对，此时称作"Ⅱ型路径
逆转"。

（2）分岔点识别。

正如前文所言，动态系统的最优时间路径发生分岔的原因在于
系统中的外生参数突破一个阈值。令 γ 表示外生参数（$0 \leqslant \gamma \leqslant 1$），
假设它只影响外部性的函数 g'。由于外部性的存在可能改变一个动
态系统的原最优时间路径，因此这里通过调节外生参数来削弱外部
性的影响，进而使动态系统回归原最优时间路径。具体而言，当 $\gamma =$
0 时，意味着外生参数不发挥任何调节作用；而当 $\gamma = 1$ 时，表示外
生参数的调节作用达到最强，即完全剔除外部性的影响。在引入外
生参数 γ 后，外部性的函数改写为：

$$g' = g'[x(t), u(t), \gamma] \tag{6-7}$$

结合式（6-7），进一步改写包含外部性的目标函数：

$$G(x, u, \gamma) = \int_0^\infty \{g[x(t), u(t)] + g'[x(t), u(t), \gamma]\} e^{-\rho t} dt \tag{6-8}$$

同样，这里也不改变约束条件。基于现值汉密尔顿函数的最优
化一阶必要条件，可以求解出一个包含外生参数的新最优时间路径，
计作：$\{x(i)^*, u(i)^*\}^3$。由于这里也不改变约束条件，进而可将
$\{x(i)^*, u(i)^*\}^3$ 简写为 $\{u(i)^*\}^3$。

假设 $\{u(i)^*\}^1$ 和 $\{u(i)^*\}^2$ 不是"无差异路径"，即这两种路径
存在本质差异。结合外生参数的取值范围，可做出如下引理：

引理 1：当外生参数 $\gamma = 0$ 时，$\{u(i)^*\}^3 = \{u(i)^*\}^2$。外生参

数 γ 取 0，意味着式（6 - 8）退化为式（6 - 5），$\{u(\dot{t})^*\}^3$ 和 $\{u(\dot{t})^*\}^2$ 的目标函数与约束条件是一样的，两种动态系统的最优时间路径是相同的。

引理 2：当外生参数 $\gamma = 1$ 时，$\{u(\dot{t})^*\}^3 = \{u(\dot{t})^*\}^1$。由于外生参数 γ 取 1 时，外部性函数 $g'[x(t), u(t), \gamma]\big|_{\gamma=1} = 0$，即外部性的影响被完全剔除。此时，式（6 - 8）退化为式（6 - 1），$\{u(\dot{t})^*\}^3$ 和 $\{u(\dot{t})^*\}^1$ 的目标函数与约束条件也是一样的，两种动态系统的最优时间路径必然也是相同的。

引理 3：当外生参数 $0 < \gamma < 1$ 时，存在一个阈值 γ^* 使得：若 $0 < \gamma \leq \gamma^*$，则 $\{u(\dot{t})^*\}^3 \approx \{u(\dot{t})^*\}^2$；若 $\gamma^* < \gamma < 1$，则 $\{u(\dot{t})^*\}^3 \approx \{u(\dot{t})^*\}^1$。换句话说，若外生参数 γ 小于阈值 γ^*，意味着 $\{u(\dot{t})^*\}^3$ 与 $\{u(\dot{t})^*\}^2$ 的路径为"无差异路径"；同理，若外生参数 γ 大于阈值 γ^*，则说明 $\{u(\dot{t})^*\}^3$ 与 $\{u(\dot{t})^*\}^1$ 的路径为"无差异路径"。显然，引理 3 是建立在引理 1 和引理 2 基础上的，一旦引理 1 和引理 2 成立，则引理 3 必成立。

由于 $\{u(\dot{t})^*\}^1$ 和 $\{u(\dot{t})^*\}^2$ 两种最优时间路径的属性会影响引理 3 的两个子引理，因此这里需表述它们：

子引理 3 - 1：当 $\{u(\dot{t})^*\}^1$ 里的值均大于 0 和 $\{u(\dot{t})^*\}^2$ 里的值均小于 0 时，外生参数突破阈值 γ^* 时，动态系统的最优时间路径发生"Ⅰ型路径逆转"。

子引理 3 - 2：当 $\{u(\dot{t})^*\}^1$ 里的值均小于 0 和 $\{u(\dot{t})^*\}^2$ 里的值均大于 0 时，外生参数突破阈值 γ^* 时，动态系统的最优时间路径发生"Ⅱ型路径逆转"。

基于以上引理，外生参数阈值 γ^* 即为一个动态系统最优时间路径发生质变的分岔点。当外生参数小于该阈值时，动态系统的最优时间路径会发生变化，但最优时间路径的趋势不会发生质变；一旦外生参数突破该阈值，阈值前后最优时间路径的趋势则发生质变。此外，外生参数在突破阈值γ^*时，最优时间路径究竟发生"Ⅰ型路径逆转"，还是"Ⅱ型路径逆转"，这将取决于具体研究的问题。

（二）基于分岔理论构建能源转型经济模型

人均消费是评价经济可持续发展的一个最直观的指标，若人均消费在时序上非减，则意味着经济发展是可持续的（Perman，et al.，2003）。在本节中，人均消费的时序特征可通过人均消费的最优时间路径来反映。

理论上，能源转型是一个由化石能源占优逐渐转为可再生能源占优的过程，化石能源的使用会导致环境退化，带来负外部性（主要包括环境污染和温室气体排放），这种负外部性会改变目标函数，进而影响人均消费的最优路径。随着能源转型不断推进（即可再生能源比重逐渐增加），使用化石能源所引发的负外部性随之减弱；一旦能源转型突破一个分岔点，人均消费的最优时间路径将发生质变。在能源转型未突破分岔点时，人均消费的最优时间路径呈现时序递减的特征；而当能源转型突破分岔点时，这一时间路径将呈现时序递增特征。

能源转型的分岔点无法直接识别出来，但由于人均消费的最优时间路径在能源转型分岔点前后会发生质变，同时这一时间路径可借助数理模型求解得到，因此通过研究这一时间路径变动与能源转型的关系，可反向识别出能源转型的分岔点。

为了实现这一目标，基于分岔理论构建能源转型经济模型包括三个部分：第一部分，当负外部性和能源转型均不存在时，人均消费的最优时间路径；第二部分，当负外部性存在但能源转型不存在时，人均消费的最优时间路径；第三部分，当负外部性和能源转型均存在时，人均消费的最优时间路径。

首先，这里做如下设定。

（1）人口总量保持恒定。由于本节主要考察能源转型对人均消费最优时间路径的影响，人口总量的变化并不会改变本节的基本结论，为简化数学模型，假定人口总量恒定。

（2）目标函数为社会总福利函数，包含两个部分：消费的总效用函数和外部性影响函数。这两个函数的具体形式将在下文给出。

（3）资本净积累全部转化为投资，资本净积累等于总产出减去折旧和消费。

（4）生产函数只包含资本和能源两种要素，不考虑劳动。由于人口总量保持恒定，本节将其标准化为1。

（5）化石能源的总储量为一个定值。虽然化石能源的已探明储量不断增加，但理论上地球总化石能源储量是一个定值，在资源环境经济学中，涉及化石能源开采的经济模型均假定化石能源的总储量为一个定值（Hotelling，1931），因而在本节分析中也遵循这一假定。

1. 负外部性和能源转型均不存在

令消费为 C，资本为 K，能源开采量为 E[①]。当负外部性和能源转型均不存在时，总福利函数只包含消费的总效用函数。

$$W = \int_0^\infty U(C)\, e^{-\rho t} \mathrm{d}t \tag{6-9}$$

其中 $U(C) = \dfrac{C^{1-\sigma}-1}{1-\sigma}$（$0 < \sigma < 1$），$\rho$ 表示贴现率。消费的总效用函数为 CES 函数形式，其边际效用 $MU(C) = C^{-\sigma}$，随着消费不断增加，边际效用逐渐递减。

资本净积累等于总产出减去资本折旧和消费，其中折旧率为 δ

---

① 注意：能源开采量为一个生产周期的能源开采量，并非总开采量。一般而言，一个生产周期为一年。

（$0 < \delta < 1$）；总产出采用柯布 – 道格拉斯函数形式，由于劳动标准化为 1，因此它可以写成 $Y = K^{\alpha} E^{\beta}$（$\alpha + \beta = 1$）。因此，资本存量的动态方程为：

$$\frac{\mathrm{d}K}{\mathrm{d}t} = \dot{K} = Y - \delta K - C \qquad (6-10)$$

能源存量 S 与资源开采量 E 之间存在一个反向关系，即随着资源开采量的上升，能源存量逐渐降低。进而，能源存量的动态方程为：

$$\frac{\mathrm{d}S}{\mathrm{d}t} = \dot{S} = -E \qquad (6-11)$$

结合式（6 – 9）、式（6 – 10）和式（6 – 11），构建现值汉密尔顿函数：

$$H = \frac{C^{1-\sigma} - 1}{1 - \sigma} + \lambda_K (Y - \delta K - C) + \lambda_S (-E) \qquad (6-12)$$

其中，λ_K 为资本的影子价格，λ_S 为能源的影子价格。遵循现值汉密尔顿最优化一阶条件，即遵循式（6 – 4）的求解规则，可得到如下关系式：

$$\frac{\dot{C}}{C} = -\frac{1}{\sigma} \frac{\dot{\lambda}_K}{\lambda_K} \qquad (6-13)$$

$$Y_E = \frac{\lambda_S}{\lambda_K} \qquad (6-14)$$

$$\frac{\dot{\lambda}_K}{\lambda_K} = \rho + \delta - Y_K \qquad (6-15)$$

$$\frac{\dot{\lambda}_S}{\lambda_S} = \rho \qquad (6-16)$$

其中，式（6 – 16）即为霍特林规则（Hotelling's Rule）。若每一期能源的影子价格按着贴现率增长，那么当不可再生能源被耗竭时，能源的所有经济租①将全部获得（Hotelling，1931）。

将式（6 – 14）和式（6 – 15）代入式（6 – 13），可得到：

$$\dot{C} = \frac{C}{\sigma} \left(\frac{\alpha E}{\beta K} \frac{\lambda_s}{\lambda_K} - \rho - \delta \right) \tag{6 – 17}$$

式（6 – 17）即为不考虑负外部性和能源转型的情况下人均消费的最优时间路径。关于上述式子的详细推导，见附录 B – a。

这里对 $\frac{\alpha E}{\beta K} \frac{\lambda_s}{\lambda_K}$ 进行改写，写作：$\frac{\lambda_s E/\beta}{\lambda_K K/\alpha}$。这一式子的经济学含义：分母表示单位资本投入回报，分子表示单位能源投入回报，这一比值表示能源相对资本回报率。由于这里不考虑负外部性，能源使用过程不会对环境产生破坏，理论上当代发展并不会损害后代利益，人均消费在时序上至少是非减的。结合后文分析，当考虑外部性时，$\frac{\alpha E}{\beta K} \frac{\lambda_s}{\lambda_K}$ 变化为 $\frac{\alpha E}{\beta K} \frac{(\lambda_s - m)}{\lambda_K} = \frac{(\lambda_s - m) E/\beta}{\lambda_K K/\alpha}$，此时单位能源投入回报中需剔除负外部性，只要 m 值达到一定程度，那么这一比值将可能小于贴现率和折旧率之和，进而人均消费在时序上递减。进一步考虑能源转型，该式改写为 $\frac{[\lambda_s - (1 - \gamma) m] E/\beta}{\lambda_K K/\alpha}$。不难发现，随着能源转型不断推进（$\gamma$ 趋于 1），能源使用过程所带来的负外部性逐渐减弱，使这一比值逐渐趋于并最终大于贴现率和折旧率之和。

2. 负外部性存在但能源转型不存在

能源使用会导致负外部性，这种负外部性需要以某种形式放入总福利函数。负外部性的影响函数与能源使用量正相关，即能源使用量越高，负外部性越强。为刻画这两者之间的关系，将能源使用的负外部性和能源使用量的函数式设为：$g'(E) = m(-E) = -mE$。

---

① 经济租等于要素收入减去机会成本。

在这个式子中，m 表示每单位能源使用量所导致的负外部性，而 $(-E)$ 则表示一个生产周期内开采出来的能源。将这个负外部性函数引入总福利函数，改写总福利函数如下：

$$W = \int_0^\infty \left[U(C) - g'(E) \right] e^{-\rho t} dt \qquad (6-18)$$

同样，消费的总效用函数依旧使用 CES 函数形式。资本存量的动态方程为 $\dot{K} = Y - \delta K - C$，能源存量的动态方程为 $\dot{S} = -E$。总产出方程同样只包含资本 K 和能源 E 两种投入要素，且生产函数形式为柯布 – 道格拉斯形式。联合式（6 – 18）和两个动态方程，构建现值汉密尔顿函数：

$$H = \left\{ \frac{C^{1-\sigma} - 1}{1 - \sigma} + mE \right\} + \lambda_K (Y - \delta K - C) + \lambda_S (-E) \qquad (6-19)$$

遵循现值汉密尔顿最优化一阶条件，可得到如下四个关系式：

$$\frac{\dot{C}}{C} = -\frac{1}{\sigma} \frac{\dot{\lambda}_K}{\lambda_K} \qquad (6-20)$$

$$Y_E = \frac{\lambda_S - m}{\lambda_K} \qquad (6-21)$$

$$\frac{\dot{\lambda}_K}{\lambda_K} = \rho + \delta - Y_K \qquad (6-22)$$

$$\frac{\dot{\lambda}_S}{\lambda_S} = \rho \qquad (6-23)$$

比较式（6 – 23）和式（6 – 16），发现霍特林规则在两种背景下是相同的，即考虑负外部性与否并不改变霍特林规则。后续分析会继续探讨霍特林规则的变化，详见下一小节。

类似地，可得到在负外部性存在和能源转型不存在的背景下，人均消费的最优时间路径（相关推导见附录 B – b）：

$$\dot{C} = \frac{C}{\sigma} \left[\frac{\alpha E}{\beta K} \frac{(\lambda_s - m)}{\lambda_K} - \rho - \delta \right] \tag{6 - 24}$$

3. 负外部性和能源转型均存在

当负外部性单独存在时，总福利函数中需要引入一个反映负外部性的函数 $g'(E)$，进而总福利函数改写为：

$$W = \int_0^\infty \left[U(C) - g'(E) \right] e^{-\rho t} \mathrm{d}t \tag{6 - 25}$$

若考虑能源转型，那么能源系统中将同时存在化石能源和可再生能源。令参数 γ 表示能源转型进度，它衡量一个生产周期内可再生能源使用量占总能源使用量的比例。该参数 γ 的取值范围为 $0 \sim 1$，γ 越趋于 0，表示可再生能源使用量占比越低，反之，γ 越趋于 1 时，意味着可再生能源使用量占比越高。

不同于化石能源，可再生能源具有两个差异性的特征：第一，可再生能源为清洁能源，该类能源在使用过程中几乎不造成环境污染或增加温室气体排放，即负外部性为 0；第二，可再生能源是一类可再生流量资源（renewable flow resources），即利用若干单位的流量并不意味着总量在下个时刻会减少，事实上，任何时刻的利用都不会影响可供使用的总量（Perman et al.，2003）。基于可再生能源的以上两种特性，需要对总福利函数和能源存量动态方程做进一步变形。

首先，能源的负外部性方程改写为：

$$g'(E) = m(1 - \gamma)(-E) \tag{6 - 26}$$

由于一个生产周期内总能源使用量①中只有化石能源会引起负外部性，而化石能源的占比为 $(1 - \gamma)$，因此能源转型下一单位总能源

---

① 一个生产周期内总能源使用量等于化石能源使用量加上可再生能源使用量。

使用所带来的负外部性等于化石能源占比 $(1 - \gamma)$ 乘以不存在能源转型下能源使用所带来的负外部性 $m(-E)$。

其次，能源存量的动态方程可写为：

$$\dot{S} = -E + \Phi(S,\gamma) \qquad\qquad (6 - 27)$$

化石能源是一类不可再生能源，随着化石能源的开采，该类能源的储量会逐渐降低，而可再生能源是一类可再生流量资源，在任何时点使用该类能源并不会导致其可使用总量的下降。由于可再生能源的储量在理论上是一个无穷值，同时不存在能源转型时化石能源是生产过程中的唯一能源供给，因此可假定初始 S 表示化石能源的总储量。随着化石能源不断被开采，化石能源的储量不断下降；与此同时，可再生能源是一类可再生流量资源，它会不断再生。简言之，化石能源储量占总能源储量的比重逐渐下降，可再生能源占比则随之增加①。由于化石能源和可再生能源在能源系统中存在此消彼长的关系，这种关系又与能源转型进度密切相关，因此将式（6 - 27）中的 $\Phi(S,\gamma)$ 设计为如下形式：

$$\Phi(S,\gamma) = \gamma\rho S \qquad\qquad (6 - 28)$$

式（6 - 28）刻画了能源转型过程中可再生能源如何逐渐扩大其在总能源储量中的占比，即随着 γ 不断增大，可再生能源占总能源储量的比重不断加大。一种极端情况是，当能源系统中只存在可再生能源时（$\gamma = 1$），随后任意一个生产周期内可再生能源的再生量应为 ρS（理由见附录 B - c）。

---

① 正如正文所言，可再生能源的储量是无穷的，若考虑这个事实，那么在能源转型背景下化石能源占总能源的比重一直为 0。显然，基于这一事实难以分析能源转型对能源影子价格的影响，因此这里假定起始时刻的总能源储量等于化石能源储量，随着能源转型的推进，可再生能源部分填补化石能源的耗竭部分。为什么是部分填补？由于能源转型初期可再生能源使用量的占比较低，它无法完全填补当期化石能源的消耗量。

能源转型并不会直接影响资本存量的动态方程，因此这里依然使用同上述两种情形一样的资本存量的动态方程，即 $\dot{K} = Y - \delta K - C$。

基于上述诸分析，构建现值汉密尔顿函数：

$$H = \left[\frac{C^{1-\sigma} - 1}{1 - \sigma} + (1 - \gamma)mE \right] + \lambda_K (Y - \delta K - C) + \lambda_S (-E + \gamma\rho S)$$

$$(6 - 29)$$

同理，遵循现值汉密尔顿最优化一阶条件，可得到如下四个关系式：

$$\frac{\dot{C}}{C} = -\frac{1}{\sigma} \frac{\dot{\lambda_K}}{\lambda_K} \qquad (6 - 30)$$

$$Y_E = \frac{\lambda_S - (1 - \gamma)m}{\lambda_K} \qquad (6 - 31)$$

$$\frac{\dot{\lambda_K}}{\lambda_K} = \rho + \delta - Y_K \qquad (6 - 32)$$

$$\frac{\dot{\lambda_S}}{\lambda_S} = \rho - \gamma\rho \qquad (6 - 33)$$

此时，观察式（6-33）发现，当 $\gamma = 0$ 时，它正好与前面两种背景下的霍特林规则一样；换句话说，前面两种情形的霍特林规则是式（6-33）的特殊情形。同样，后续将详细分析能源转型对霍特林规则的影响。

类似地，可得到在负外部性和能源转型均存在的背景下人均消费的最优时间路径（相关推导见附录B）：

$$\dot{C} = \frac{C}{\sigma} \left\{ \frac{\alpha E}{\beta K} \frac{[\lambda_S - (1 - \gamma)m]}{\lambda_K} - \rho - \delta \right\} \qquad (6 - 34)$$

为了综合比较三种背景下的人均消费最优路径，即式（6-17）、式（6-24）和式（6-34），需要对三式中的资本影子价格（λ_K）和能源影子价格（λ_S）进行处理。

　　首先，资本存量的变动与资本影子价格的变化呈反向关系。资本存量越高，意味着资本的影子价格越低，反之亦然。由于三种背景下资本存量的动态方程是相同的，因此这里可做如下假定：$\lambda_K = \dfrac{\eta}{K}(\eta > 0)$。$\eta$ 的经济学含义：它控制着资本存量与资本影子价格的关系，η 的值越大，意味着同等资本存量下资本的影子价格越高。由于本书研究的重点是三种背景下人均消费最优时间路径的差异，η 值的变化不会改变基本结论，因此这里假定它不随时间变化，为一个常数值。

　　其次，能源影子价格由式（6 – 16）、式（6 – 23）和式（6 – 33）来刻画。前文已说明，前面两个式子是后面一个式子的特殊情况，因此这里只对最后一个式子进行处理。

　　需注意，γ 也是一个关于时间 t 的函数，即 $\gamma = \gamma(t)$，且 γ 随着时间推移，会由 0 变化到 1。对式（6 – 33）求积分，同时假定初始能源价格为 $P(0)$，则得到：

$$\lambda_S = P(0)\, e^{\rho \int_0^{} [1 - \gamma(t)\, dt]} \tag{6 – 35}$$

将式（6 – 35）和 $\lambda_K = \dfrac{\eta}{K}$ 代入式（6 – 34），得到：

$$\dot{C} = \frac{C}{\sigma}\left(\frac{\alpha E}{\beta} \frac{\{P(0)\, e^{\rho \int_0^{}[1-\gamma(t)]dt} - (1 - \gamma)m\}}{\eta} - \rho - \delta \right) \tag{6 – 36}$$

若负外部性和能源转型均不存在，即 $m = 0$ 和 $\gamma = 0$，则式（6 – 36）可写作：

$$\dot{C} = \frac{C}{\sigma}\left[\frac{\alpha E}{\beta} \frac{P(0)\, e^{\rho t}}{\eta} - \rho - \delta \right] \tag{6 – 37}$$

若负外部性存在但能源转型不存在，即 $m \neq 0$ 和 $\gamma = 0$，则式（6 – 36）可以改写为：

$$\dot{C} = \frac{C}{\sigma} \left\{ \frac{\alpha E}{\beta} \frac{\left[P(0) \, e^{\rho t} - m \right]}{\eta} - \rho - \delta \right\} \qquad (6-38)$$

不难发现，式（6-37）和式（6-38）为式（6-36）的特殊形式，这三个式子也分别对应着三种情景下的人均消费最优时间路径。

接下来，本书将基于这三个式子来研究能源转型过程中人均消费的时序变化。人均消费的时序变化是衡量可持续发展的最直观指标，可通过观察人均消费的时序变化来研究能源转型如何导致经济发展状态发生稳态变迁。更重要的是，由于人均消费的时序特征在能源转型的分岔点处发生质变，因此这里可反向求解出这一分岔点。

（三）能源转型下的霍特林规则和哈特维克准则

在本小节中，首先将探讨能源转型下的霍特林规则；其次，结合哈特维克准则以区分不可持续发展和可持续发展两种状态。

1. 能源转型下的霍特林规则

在不可再生资源的开采过程中，霍特林给出一条如何攫取全部经济租的资源定价规则。能源转型会使能源系统中的可再生能源与化石能源呈现此消彼长的关系，化石能源为不可再生能源，而可再生能源则能够无限补充。当能源系统中只存在化石能源时，霍特林规则如下表述：

$$\frac{\dot{\lambda}_s}{\lambda_s} = \rho \qquad (6-39)$$

未开采但即将被开采的化石能源，其价格应按贴现率 ρ 递增。只要它的价格遵循这一准则，那么当化石能源被开采耗竭时，所有的经济租将被攫取。

现实中，能源转型正不断推进，可再生能源在整个能源系统中的占比虽小却存在长期增长趋势。正如前文所言，可再生能源是一种可再生流量资源，它的存在使能源总储量永远不可能为 0。考虑能源转型，霍特林规则应写作：

$$\frac{\dot{\lambda}_s}{\lambda_s} = \rho - \gamma\rho \qquad\qquad (6-40)$$

结合式（6-39）和式（6-40），可画出两种类型下能源影子价格的时间轨迹（见图 6-1）。实线表示不存在能源转型，虚线表示存在能源转型，T^* 表示能源系统恰好只存在可再生能源的时点。

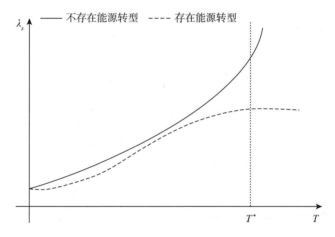

图 6-1　能源影子价格的时间轨迹

不难发现，在不存在能源转型时，由于化石能源一旦被消耗便不可再生，因此能源的影子价格将以指数为 ρ 的速度增加。当存在能源转型时，化石能源耗竭的部分将被可再生能源填补，直到能源系统中的化石能源被完全替代或耗竭（即 T^* 时点后能源系统中只存在可再生能源），能源的影子价格将不再变化。因为 T^* 时点后只有可再生能源，任意时点被消耗即可瞬时补充，即能源储量不再变化，因此能源的影子价格也不再变化。

2. 哈特维克准则与可持续发展

若人均消费在时序上非减，则意味着实现了经济可持续发展（Perman et al.，2003）。人均消费表示为：

$$C = Y - \dot{K} - \delta K \qquad (6-41)$$

若折旧率 $\delta = 0$，则人均消费可表示为 $C = Y - \dot{K}$。该式两边同时对时间 t 求导：

$$\dot{C} = Y_K \dot{K} + Y_E \dot{E} - \ddot{K} \qquad (6-42)$$

式（6-42）中 $\ddot{K} = \mathrm{d}\dot{K}/\mathrm{d}t$。正如前文所言，为实现经济可持续发展，则人均消费应在时序上非减，即可持续发展的最低标准为 $\dot{C} = 0$。想要实现这一最低标准，需使能源使用所获得的经济租全部投资于人造资本，即 $\dot{K} = Y_E E$ [①]，这一规则称作哈特维克准则（Hartwick，1977）。遵循哈特维克准则，则可确保 $\dot{C} = 0$ 成立。

在本书中，同样遵循哈特维克准则的思想：若要实现经济可持续发展，则至少保证人均消费在时序上的变动大于等于 0。为便于表述，同时与前文的相关表述保持一致，这里需做如下说明。

（1）由于当前能源系统中可再生能源的比例较低，当前正处于能源转型初期，设一个初始时点，记为 "0"。

（2）$\{\dot{C}\}^1$ 表示负外部性和能源转型均不存在时的人均消费最优时间路径，$\{\dot{C}\}^2$ 表示负外部性存在但能源转型不存在时的人均消费最优时间路径，$\{\dot{C}\}^3$ 表示负外部性和能源转型均存在时的人均消费最优时间路径。相对应的，$\dot{C}(t)^1$ 表示 $\{\dot{C}\}^1$ 中的元素，$\dot{C}(t)^2$ 表示 $\{\dot{C}\}^2$ 中的元素，$\dot{C}(t)^3$ 表示 $\{\dot{C}\}^3$ 中的元素。

---

① 相关证明详见 Perman 等（2003）。

（3）$\{\dot{C}\}$ 表示包含所有时点 t 下的 $\dot{C}(t)$ 值，即 $\{\dot{C}\} = \{\dot{C}(1),\cdots,$ $\dot{C}(t),\cdots\}$。其中，$\dot{C}(1)$ 和 $\dot{C}(t)$ 分别表示第一个时点和第 t 个时点的人均消费变动，$\dot{C}(t) = C(t) - C(t-1)$。$\{\dot{C}[a,b]\}$ 表示从时点 a 到时点 b 的所有 $\dot{C}(t)$ 值，即 $\{\dot{C}[a,b]\} = \{\dot{C}(a),\cdots,\dot{C}(t),\cdots,\dot{C}(b)\}$。

（4）若经济发展是可持续的，那么对任意时点 t，必然存在 $\dot{C}(t) \geqslant 0$。设置这个条件的目的是保证人均消费在整个时间区间上非减。

（5）若一种消费最优时间路径是可持续的，则写作 $\{\dot{C}\} \geqslant 0$；反之，则写作 $\{\dot{C}\} < 0$。

结合以上说明，存在以下两个引理。

引理 4：若负外部性存在但能源转型不存在时的人均最优消费在初始时点的变动正好为 0，那么其他两种背景下人均最优消费在时序上必定也是非减的。数学表述为：若 $\dot{C}(1)^2 = 0$ 成立，则 $\{\dot{C}\}^1 > 0$ 和 $\{\dot{C}\}^3 > 0$ 恒成立。

引理 5：若负外部性和能源转型均不存在时的人均最优消费在初始时点的变动正好为 0，那么负外部存在但能源转型不存在时的人均最优消费在时序上必然出现递减区间。数学表述为：若 $\dot{C}(1)^1 = 0$，那么 $\{\dot{C}\}^2 < 0$ 恒成立。

这里将结合式（6-36）、式（6-37）和式（6-38）来证明上述两个引理。

（1）引理 4 的证明。

由于 $\dot{C}(1)^2 = 0$，同时 $\{\dot{C}\}^2$ 的人均消费最优时间路径如式（6-38）所示，因此 $\dot{C}(1)^2 = 0$ 可写作：

$$\dot{C}(1)^2 = \frac{C}{\sigma}\left\{\frac{\alpha E}{\beta}\frac{\left[P(0)\,e^{\rho \times 1} - m\right]}{\eta} - \rho - \delta\right\} = 0 \qquad (6-43)$$

令 $P(0)e^{\rho \times 1} - m = A$ ，则式（6 - 43）成立的条件为 $A = \dfrac{\beta\eta\ (\rho+\delta)}{\alpha E}$ 。

同时，基于上述令设，式（6 - 37）可改写为：

$$\dot{C}(1)^1 = \frac{C}{\sigma}\left[\frac{\alpha E}{\beta}\frac{(m+A)}{\eta} - \rho - \delta\right] \qquad (6-44)$$

显然，若将 $A = \dfrac{\beta\eta\ (\rho+\delta)}{\alpha E}$ 代入式（6 - 44）中，$\dot{C}(t)^1 > 0$ 成立。由于 $P(0)e^{\rho \times 1}$ 是一个时间 t 的增函数，故 $\dot{C}(t)^1 > \dot{C}(t-1)^1 > \cdots$ $\dot{C}(1)^1$ 必然也成立，进而 $\{\dot{C}\}^1 > 0$ 得证。

类似地，这里也可证明 $\{\dot{C}\}^3 > 0$ 是否成立。由于初始时点的能源转型推进程度很低，因此 $\dot{C}(1)^3$ 可近似表达为：

$$\dot{C}(1)^3 = \frac{C}{\sigma}\left(\frac{\alpha E}{\beta}\frac{\{P(0)e^{\rho\int_0^{\cdot}[1-\gamma(t)]dt} - [1-\gamma(t)]m\}}{\eta} - \rho - \delta\right)$$
$$\Rightarrow \dot{C}(1)^3 \approx \frac{C}{\sigma}\left[\frac{\alpha E}{\beta}\frac{(m+A)}{\eta} - \rho - \delta\right] > 0 \qquad (6-45)$$

同样，$P(0)e^{\rho\int_0^{\cdot}[1-\gamma(t)]dt}$ 是一个时间 t 的增函数，$[1-\gamma(t)]m$ 则是一个时间 t 的减函数，故而 $\dot{C}(t)^3 > \dot{C}(t-1)^3 > \cdots \dot{C}(1)^3$ 必然成立，进而 $\{\dot{C}\}^3 > 0$ 恒成立。

（2）引理 5 的证明。

若 $\dot{C}(1)^1 = 0$ ，则：

$$\dot{C}(1)^1 = \frac{C}{\sigma}\left[\frac{\alpha E}{\beta}\frac{P(0)e^{\rho \times 1}}{\eta} - \rho - \delta\right] = 0 \qquad (6-46)$$

令 $P(0)e^{\rho \times 1} = B$ ，由式（6 - 46）化简，可得 $B = \dfrac{\beta\eta\ (\rho+\delta)}{\alpha E}$ 。

将 $P(0)e^{\rho \times 1} = B$ 和 $B = \dfrac{\beta\eta(\rho+\delta)}{\alpha E}$ 依次代入式（6 - 38），可得：

$$\dot{C}(1)^2 = \frac{C}{\sigma}\left(\frac{\alpha E}{\beta}\frac{B-m}{\eta} - \rho - \delta\right) < \frac{C}{\sigma}\left(\frac{\alpha E}{\beta}\frac{B}{\eta} - \rho - \delta\right) = 0 \quad (6-47)$$

显然，$\{\dot{C}\}^2$ 中至少存在一个元素小于 0 的情形，进而 $\{\dot{C}\}^2 < 0$ 成立。

总结而言，引理 4 和引理 5 具有一定的经济学含义。引理 4 表明：由于能源系统中只使用化石能源，如果化石能源使用所带来的负外部性并未导致经济不可持续发展，那么当可再生能源逐步替代化石能源时，该转型过程也可保证经济发展是可持续的。然而，实际上化石能源对环境的破坏是巨大的，当能源系统中只存在化石能源时，经济发展是不可持续的，即人均消费因为负外部性的存在而出现时序上递减的特征。

相比于引理 4，引理 5 更具现实性。引理 5 表明：若能源系统不会带来任何负外部性时，经济发展是可持续的，那么考虑现实情形，即化石能源的使用会导致环境退化（环境退化会带来巨大的负外部性），经济发展将变得不可持续。基于引理 5，本书将分析能源转型是如何促使经济发展从一种不可持续状态变迁为可持续状态的。

（四）能源转型经济模型的深化

前文所构建的能源转型经济模型只考虑化石能源使用所带来的负外部性，能源转型的正外部性仅表现为削弱这种负外部性，这是一种间接影响。然而，能源转型过程对经济系统是存在直接且正向的影响的，如可再生能源消费比重的上升，会催生出许多绿色新兴产业，这些产业的发展壮大会给经济系统带来直接的正外部性。

因此，这里有必要对能源转型的经济模型做进一步深化，将这类正外部性放入本书的模型中，以研究这类正外部性对经济系统的影响。

一般来说，绿色新兴产业的发展给经济系统带来的正外部性大小，取决于可再生能源的消费量。可再生能源的消费量越大，意味着绿色新兴产业的发展程度越高，进而所带来的正外部性越大。遵循这一逻辑，这里建立一个可再生能源消费量与正外部性大小的关系式：

$$f'(E) = f'[\gamma(-E)] = -f'(\gamma E) \tag{6-48}$$

式（6-48）中，$f'(E)$ 表示可再生能源所带来的正外部性，$f'(\cdot)$ 表示一种映射规则，$\gamma(-E)$ 表示可再生能源消费量[①]。

接下来，同时考虑能源转型的直接影响和间接影响，则能源转型经济模型中的社会福利函数改写为：

$$W = \int_0^{\infty} [U(C) - g'(E) + f'(E)] e^{-\rho t} \mathrm{d}t \tag{6-49}$$

同时，在其他外部环境不变的条件下，约束条件也不会发生改变，故而深化后的能源转型经济模型中，约束方程分别为 $\dot{K} = Y - \delta K - C$ 和 $\dot{S} = -E + \gamma \rho S$。基于目标函数和约束方程，构建现值汉密尔顿函数：

$$H = \left[\frac{C^{1-\sigma} - 1}{1 - \sigma} + (1 - \gamma) mE + f'(\gamma E) \right] + \lambda_K (Y - \delta K - C) + \lambda_S(-E + \gamma \rho S) \tag{6-50}$$

同理，遵循现值汉密尔顿最优化一阶条件，可得到如下四个关系式：

$$\frac{\dot{C}}{C} = -\frac{1}{\sigma} \frac{\dot{\lambda}_K}{\lambda_K} \tag{6-51}$$

$$Y_E = \frac{\lambda_S - (1 - \gamma) m + \mathrm{d}f'}{\lambda_K} \tag{6-52}$$

$$\frac{\dot{\lambda}_K}{\lambda_K} = \rho + \delta - Y_K \tag{6-53}$$

---

① $\gamma(-E)$ 中的负号表示已消耗的能源，有别于未开采的能源，负号的引入是为了向经济模型中注入动态性。换句话说，E 是一个矢量，而非标量。

$$\frac{\dot{\lambda}_s}{\lambda_s} = \rho - \gamma\rho \qquad (6-54)$$

式（6-52）中，$\mathrm{d}f'$ 表示 $f'(E)$ 对能源消费 E 的偏导数。类似地，可得到深化后的能源转型经济模型，在该模型下人均消费的最优时间路径如下（相关推导见附录 B-d）：

$$\dot{C} = \frac{C}{\sigma}\left\{\frac{\alpha E}{\beta K}\frac{\left[\lambda_s - (1-\gamma)m + \mathrm{d}f'\right]}{\lambda_K} - \rho - \delta\right\} \qquad (6-55)$$

考虑能源转型的正外部性之后，式（6-55）和式（6-34）的差别在于 $\mathrm{d}f'(\mathrm{d}f' > 0)$。这个式子的经济学含义为能源使用所带来的边际正外部性大小。当能源转型进度趋于 0 时，$\mathrm{d}f'$ 趋于 0；随着能源转型不断推进，$\mathrm{d}f'$ 将不断增大。为什么这一边际正外部性会随着能源转型的不断推进而逐渐增大？因为能源转型推进程度较低时，可再生能源消费量较少，相应地，绿色新兴产业的发展程度较低，因此边际正外部性较小；随着能源转型不断推进，绿色新兴产业的规模不断扩张并逐步形成产业集群，边际正外部性不断增大。

在深化后的能源转型经济模型中，能源转型所带来的正外部性抵消了一部分社会福利方程中化石能源使用所带来的负外部性。当能源转型推进程度较低时，正外部性对负外部性的抵消部分较少，基于深化后的能源转型经济模型所求解出来的人均消费最优时间路径与基于未深化的能源转型经济模型所求解出的人均消费最优时间路径是相近的。换言之，利用深化后的能源转型经济模型来研究经济发展状态的分岔现象、分岔点及影响因素，最终结论与未深化的模型是相似的。再者，能源使用所带来的边际正外部性不是一个常数，也很难估计，所以后续的研究将基于未深化的能源转型经济模型进行。

（五）状态分岔、分岔点识别及其影响因素

引理 5 包含两种极端情景：一种为经济系统中不存在负外部性，另一种则是经济系统中存在极大负外部性（即能源系统中只存在化石能源，负外部性达到最大）。在现实经济中，能源转型是一个逐步推进的过程，上述两种极端情景可视为现实经济模型的特殊情况。进一步而言，能源转型过程中必然存在一个分岔点，在该点前后经济发展呈现两种不同状态。

$$\dot{C}(t)^3 = \frac{C}{\sigma}\left(\frac{\alpha E}{\beta}\frac{\{P(0)\, e^{\rho\int_0^t [1-\gamma(t)dt]} - [1-\gamma(t)]m\}}{\eta} - \rho - \delta\right) \quad (6-56)$$

假设能源转型的分岔点为 γ^*，那么整个能源转型过程被分割为两个区间：$[0,\gamma^*]$ 和 $[\gamma^*,1]$。当能源转型进度 $\gamma \in [0,\gamma^*]$ 时，$\{\dot{C}\}^3 \approx \{\dot{C}\}^2$，即此时人均消费最优时间路径在时序上递减（不可持续的经济发展状态）；当 $\gamma \in [\gamma^*,1]$ 时，$\{\dot{C}\}^3 \approx \{\dot{C}\}^1$，即此时人均消费最优时间路径在时序上非减（可持续的经济发展状态）。

下文将基于式（6-56）来探讨能源转型如何使经济发展由不可持续状态变迁为可持续状态，并识别出能源转型的分岔点。

1. 初始参数的设定

中国 2018 年[①]一次能源消费结构中，煤炭消费量为 1945 百万吨油当量，石油消费量为 583 百万吨油当量，天然气消费量为 203 百万吨油当量，核能消费量为 79 百万吨油当量，可再生能源消费量为 294 百万吨油当量（IEA，2017）。依据中国国家统计局公布的流通

---

① 2016 年，煤炭、石油、天然气、核能和可再生能源的消费量分别为 1957、552、172、56 和 269 百万吨油当量；2020 年这五种能源的预测消费量分别为 1932、613、234、102 和 318 百万吨油当量。基于以上数据，做一个简单加权可计算出 2018 年这五种能源的消费量。

领域重要生产资料市场价格变动情况（2018 年 3 月 21 ~ 30 日），煤炭价格约为 1100 元/吨，石油价格约为 3500 元/吨，天然气价格约为 3800 元/吨，将这些能源价格乘以各自占一次能源消费的比重即得到总能源的估计价格，约为 1613 元/吨[①]。

中国 2018 年总能耗为 3104 百万吨油当量，化石能源占比约为 86.1%，2018 年中国化石能源二氧化碳排放量为 9300 百万吨，每吨化石能源使用所排放的二氧化碳为 3.48 吨。美国国家环境保护局（U. S. Environmental Protection Agency）估算出 2018 年每吨二氧化碳所导致的社会成本约为 98.9 美元，按 2018 年第一季度美元兑人民币平均汇率，折合约 622.3 元/吨（EPA，2016），进而可估计出每吨能耗所造成负外部性（下限值）的货币价值约为 2165 元。

对折旧率，利用几何效率递减的余额折旧法[②]分别计算全部建筑、设备和其他类型投资三类资本品的折旧率，根据前人研究（张军，2004），这三类资本品的比重较为稳定，各占 63%、29% 和 8%，可估计出 δ 值。经计算，中国资本的折旧率约为 9.6%。基于王华（2017）所估算的 1952 ~ 2015 年中国资本存量，结合中国 GDP 增速，估算出 2018 年中国资本存量约为 200.98 万亿元。中国 2018 年总能耗为 3104 百万吨油当量，故每吨能耗所配置的资本存量为 64748 元。

由于本书的生产函数中假定人口不变并将人口标准化为 1，因此模型中只存在资本和劳动两种要素。以往研究估算的 2003 ~ 2012 年中国资本、劳动和能源的产出弹性分别为 0.366、0.120 和 0.514

---

① 由于国家未公布核能的价格和可再生能源的价格，因此这里所计算的总能源价格是一个下限值。

② 其计算公式为：$d_\tau = (1 - \delta_i)^\tau$，$\tau$ 为资本品的平均寿命（全部建筑、设备和其他类型投资的平均寿命分别为 45 年、20 年和 25 年）；d_τ 为资本品的残值率，我国法定残值率为 3% ~ 5%，这里取中间值 4%；δ_i 为第 i 类资本品的折旧率。

（蒲志仲等，2015），如果只考虑资本和能源，二者之间的相对产出弹性之比为0.6∶0.4。总结而言，相关参数如表6-1所示。

表6-1 能源转型经济模型中的主要参数取值

参数	取值	备注
α	0.6	
β	0.4	
E	2.37 吨油当量/人	下限值
$P(0)$	1613 元/吨	下限值
ρ	0.03	
m	2165 元/吨油当量	下限值
η	64748 元/吨油当量	
δ	0.096	

2. 分岔点识别和不同能源转型路径

（1）初始条件下的能源转型分岔点。

依据《世界能源展望2020》，中国2018年的化石能源比重约为86.1%，到2020年该比重将下降至84.9%，平均而言每年化石能源比重的下降幅度约为0.6个百分点（IEA，2017）；换句话说，可再生能源的份额将以每年0.6%的幅度增加。这里可以得到 $\gamma(t)$ 的函数形式：

$$\gamma(t) = \frac{3}{500}t \qquad (6-57)$$

由于 $\frac{C}{\sigma}$ 的初始值变化不会改变本书的结论，这里可假定该初始值为100，即 $\frac{C}{\sigma}(0) = 100$。将式（6-57）和表6-1中的参数值引入式（6-56）中，可计算出每一个能源转型进度下的消费，如图6-2所示。在图6-2中，三条单调递增的曲线分别对应着不同的能源转型年变化率，令 $\dot{\gamma}$ 表示能源转型的年变化率。其中，$\dot{\gamma}=0.6\%$ 为基准年增加比重；此外，$\gamma=14.2\%$ 表示当前中国的能源转型进度。

如图 6 - 2 实线所示（$\dot{\gamma}=0.6\%$），人均消费变动与能源转型进度呈现正向关系：随着能源转型不断推进，可再生能源比重不断增加，人均消费变动逐渐由负转正。当 $\gamma<20.3\%$ 时，$\dot{C}<0$，依据哈特维克准则，人均消费变动为负表示经济发展是不可持续的；当 $\gamma>20.3\%$ 时，$\dot{C}>0$，意味着经济发展是可持续的。进而，不难总结出当 $\gamma=20.3\%$ 时，人均消费变动恰好等于 0。换言之，能源转型进度一旦突破分岔点 20.3%，人均消费将不再随时序递减，更重要的是，经济发展的状态在分岔点 20.3% 处发生了分岔。

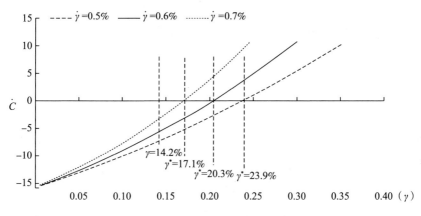

图 6 - 2　人均消费变动与能源转型进度的关系

一旦能源转型的分岔点被确定，能源转型在抵达分岔点时会出现两种情形：能源转型突破分岔点和能源转型未能突破分岔点。如果能源转型能够突破分岔点，意味着能源转型继续推进；若能源转型未能突破分岔点，则能源转型将停滞。能源转型会停滞吗？能源转型需要政府大力支持，一旦政府支持力度下降，能源转型就将放缓，甚至出现停滞。换言之，能源转型停滞是一种假想极端情形，但能源转型放缓真实存在，为便于实证分析（基于 DSGE 模型的模拟），这里设计一个实验组：能源转型在分岔点出现停滞的情形。此外，本章的一个核心任务是确定能源转型的分岔点，因此图 6-2 至图 6-6 中均省略了实验组的轨迹，这方面的分析将放到实证分析部分。

为更好地观察这一分岔点与人均消费时序趋势之间的关系，这里假定初始消费为 300，可将图 6-2 转换为图 6-3。如图 6-3 实线所示，当 $\gamma < \gamma^* = 20.3\%$ 时，人均消费呈现下降趋势；而当 $\gamma > \gamma^* = 20.3\%$ 时，人均消费则呈现上升趋势①。同样参照哈特维克准则，时序上人均消费是递减的，代表这种经济发展路径是不可持续的，即能源转型进度小于 20.3%，经济发展处于不可持续状态；反之，时序上人均消费是非减的，那么这种经济发展路径是可持续的，即能源转型进度大于 20.3%，经济发展处于可持续状态。总结而言，能源转型进度等于 20.3% 即为经济发展由不可持续状态突变为可持续状态的分岔点。

这里，得到第一个命题。

命题 6-1：人均消费时序特征会在能源转型分岔点前后表现出两种不同特征，分岔点前端人均消费时序递减，分岔点后端则人均消费时序递增。这两种特征对应着两种经济发展状态，前者为不可持续状态，后者为可持续状态，经济发展状态在能源转型分岔点处发生变迁。

相比于图 6-2，图 6-3 更能直观地展示人均消费的递减或递增趋势，能更清晰地观察到能源转型在分岔点前后的特征，因此后文分析中，将只展示类似图 6-3 的图像。

---

① 图 6-3 中，横轴虽然为能源转型进度，但也可表示为时间轴（为图像简洁，这里对横轴隐去时间标注）。为什么？因为能源转型进度本身是一个时间函数，它会随时间推移而递增。当横轴为时间时，人均消费在分岔点左侧呈现下降趋势，而在分岔点右侧则呈现上升趋势。下文图 6-4、6-5 和 6-6 也均隐去时间标注。

（2）不同转型路径对能源转型分岔点的影响。

依据 IEA 的研究，中国当前的可再生能源比重每年约增加 0.6 个百分点。如果中国政府进一步出台相关补贴政策以刺激可再生能源发展，那么可再生能源的年增加比重将会提升；反之，若中国政府减少相关补贴政策，则该年增加比重将会下降。因此，这里产生一个问题：可再生能源年增加比重的变化，是否会改变能源转型的分岔点呢？

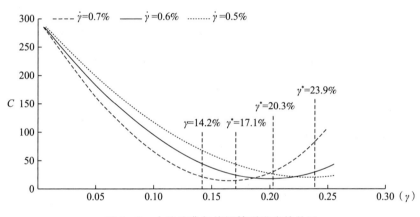

图 6-3　人均消费与能源转型进度的关系

这里假定两种情景：可再生能源年增加比重提升至 0.7% 和下降至 0.5%。年增加比重的变动，代表能源转型路径发生变化，将这两种路径引入式（6-56）并保持其他条件不变，得到如下结果（见表 6-2）。

表 6-2　年增加比重变动对分岔点的影响

年增加比重	分岔点	说明
0.5%	23.9%	初始值 - 16.7%
0.6%	20.3%	初始值
0.7%	17.1%	初始值 + 16.7%

显然，可再生能源年增加比重的变动会对分岔点产生影响。当年增加比重上升时，分岔点向左移动；反之，则向右移动。为什么年增加比重越大，能源转型的分岔点会左移，反之则右移呢？

其他条件保持不变，可再生能源年增加比重的提升，必然会在更大幅度上减少单位能耗所带来的负外部性，单位能耗中可再生能源比重越大，其所带来的负外部性越小。由于单位能耗所造成的负外部性减少，同等条件下真实储蓄量随之增加，经济产出相应增加，最终国民人均可支配收入提升。此外，当能源转型进度处于分岔点之前，单位能耗所造成的负外部性很大，这使真实储蓄量呈现负增长，经济产出和国民人均可支配收入不断下降；而当该进度突破分岔点，单位能耗所造成的负外部性大幅减少，经济产出和国民人均可支配收入逐渐增加。

总结来看，这里得到第二个命题。

命题 6-2：可再生能源比重更快增加会大幅减少单位能耗所造成的负外部性，这使能源转型的分岔点左移，反之，则使分岔点右移。

对于一个国家而言，可再生能源比重快速增加需要相关政策的扶持，同时也涉及传统能源部门和可再生能源部门的博弈，更关联着各生产和消费部门的能源消费偏好。因此，一味快速提升可再生能源比重是一件不现实的事情，但政府可通过出台补贴政策以适当加速这一进程。毕竟，当能源转型处在分岔点之前时，人均消费是逐渐递减的，这与当前国家推行的经济可持续发展战略不符，最大可能地加快分岔点左移，无疑意义重大。

3. 外生参数变化的影响

已有研究表明，中国的固定资产折旧基本保持不变（张军，2004），因此本节主要对资本产出的弹性系数 α、能源产出的弹性系数 β、单位能耗的负外部性参数 m 和贴现率 ρ 进行分析。

（1）参数 α 和 β 变动的影响。

资本产出的弹性系数发生变化，将改变生产函数结构。在其他条件不变的背景下，这种结构的变化是否会影响能源转型的分岔点？资本产出的弹性系数增加，意味着同等量的资本变化将引致更多的产出增加。此外，资本产出的弹性系数和能源产出的弹性系数存在一个此消彼长的关系（经济分析中一般假定规模报酬不变），如果资本产出的弹性系数变大，表示资本变动所导致的产出变动要强于能源变动所引致的产出变动。在现实经济中，厂商可通过技术创新、使用更具效率的机器设备等来提升资本产出的弹性系数；反之，厂商故步自封、未及时淘汰老化设备等，则可能导致该弹性系数下降。

为了分析资本产出的弹性系数对能源转型分岔点的影响，这里假设两种情景——$\alpha = 0.62$ 和 $\alpha = 0.58$，即资本产出的弹性系数上升 0.02 和下降 0.02。保持其他条件不变，将这两个参数分别引入式（6－56），得到相应结果并将它们与初始条件的结果进行比较，最终结果如图 6－4 所示。

若资本产出的弹性系数从 0.6 提升至 0.62，能源转型的分岔点将由 20.3% 向左移动至 19.3%，分岔点提前 1%。换言之，资本产出的弹性系数增加，会使经济发展更容易从不可持续状态变迁到可持续状态。保持其他条件不变，可再生能源的年增加比重为 0.6%，则中国经济实现可持续发展将大约提前 1.67 年（1%/0.6% ≈ 1.67 年）。依据 IEA 发布的《世界能源展望 2020》，2018 年中国的可再生能源比重约为 13.9%；若分岔点为 20.3%，预计中国经济发展实现由不可持续状态向可持续状态变迁的时间约为 10.7 年[①]；若分岔点为 19.3%，则发生状态变迁的时间约为 9 年。

反之，若资本产出的弹性系数由 0.6 下降至 0.58，能源转型的

---

① 这里是依据 IEA 的口径计算的。具体而言，（20.3% － 13.9%）/0.6% ≈ 10.7。

分岔点则从 20.3% 向右移动至 21.4%，分岔点延后 1.1%。遵循上文分析，这种延后将导致经济发展实现状态变迁的时间相应延后 1.83 年。更重要的是，资本产出的弹性系数下降所带来的影响要强于其上升所带来的影响，该弹性系数的同等幅度变化，前者延后的时间为 1.83 年，后者则提前了 1.67 年，绝对量存在一定差异。进一步模拟，若扩大该弹性系数的变化幅度，这种绝对量上的差异更大①。

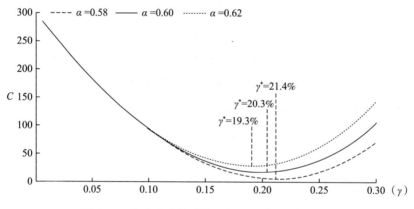

图 6 - 4　资本产出的弹性系数 α 对分岔点的影响

　　为什么资本产出的弹性系数增加会导致能源转型的分岔点左移？同时，为什么该弹性系数的下降会对分岔点移动产生更强的影响？

　　正如前文所言，资本产出的弹性系数反映资本变动率对产出变动率的影响。保持其他条件不变，相同的真实储蓄量在高资本产出弹性系数下获得更高的产出，进而提升国民人均可支配收入和增加人均消费，这种增加将抵消能源使用负外部性所引致的人均消费下降。换句话说，正是源于这种更高资本产出弹性系数的产出增加和人均消费提升，使得经济发展处在不可持续状态时人均消费递减趋势减

---

　　① 由于进一步模拟的结果并不会改变基本结论，这里考虑篇幅等原因，将不再详述。

弱，最终导致分岔点左移。反之，该弹性系数的下降，会导致产出下降和人均消费减少，并与负外部性的影响叠加，进而导致分岔点右移且移动的幅度要大于弹性系数上升的情形。

基于式（6-56）并结合上述对参数 α 的分析不难发现：能源产出弹性系数 β 的变化，会对能源转型分岔点的移动产生相反的影响，即能源产出的弹性系数上升，将使能源转型分岔点右移，反之，该弹性系数的下降将使分岔点左移。为什么？能源产出的弹性系数刻画了能源变化率对产出变化的影响，该系数的增加不止会增加产出，还会加大能源使用所带来的负外部性。在经济发展处于不可持续状态时，负外部性的影响更大，使人均消费递减趋势增强，最终导致能源转型分岔点右移。

结合本小节分析，这里将得到第三个命题。

命题 6-3：更高资本产出弹性所引致的产出增加和人均消费提升，使经济发展处在不可持续状态时人均消费的递减趋势减弱，进而使分岔点左移；更高的能源产出弹性不仅会引致产出增加，还会加大能源使用所带来的负外部性，使经济发展处在不可持续状态时人均消费的递减趋势增强，进而使分岔点右移。

因此，中国政府可出台政策刺激生产者进行技术研发和淘汰老旧设备，以相对提升资本产出弹性，进而促使能源转型的分岔点更早到达。

（2）外生参数 m 变动的影响。

单位能耗所造成的负外部性加大，直觉上，能源转型的分岔点将右移。这种直觉是否正确？本小节将进行验证。参数 m 的初始值设置中只包含温室气体所导致的负外部性，因此它是一个下限值。在本小节中，分析外生参数 m 变动对分岔点的影响时，也将设置另外两种情景：$m=2565$ 和 $m=2365$。将这两个参数分别代入式（6-56）

可得到相应结果，然后以直观的方式比较它们（如图6-5所示）。

首先，当单位能耗所造成的负外部性由2165元/吨油当量增至2365元/吨油当量时，能源转型分岔点由20.3%上升至21.2%。显然，参数 m 值的增加会导致分岔点右移，这与前文所言的直觉相符。

其次，单位能耗所造成的负外部性进一步加大，由2365元/吨油当量增至2565元/吨油当量，能源转型的分岔点进一步从21.2%上升到22.0%。本小节分析中，两次单位能耗所造成的负外部性的变化幅度均为200元/吨油当量，但是能源转型分岔点的右移幅度减小，前一次分岔点右移0.9%，后一次则右移0.8%[①]。

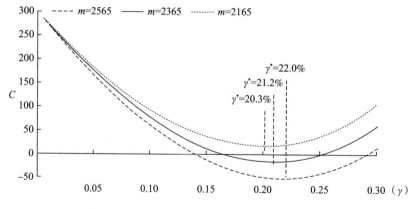

图6-5 单位能耗的负外部性 m 对分岔点的影响

在其他条件不变的背景下，单位能耗所带来的负外部性的加大，必然会导致真实储蓄量的下降，减少产出和人均消费，使人均消费呈现递减趋势的时序区间变得更宽，直到可再生能源占比加大（分岔点右移），这种趋势才会得到逆转。

---

① 这里进一步分析，单位能耗所造成的负外部性增加至2765元/吨油当量、2965元/吨油当量、3165元/吨油当量……能源转型的分岔点分别为22.8%、23.6%、24.3%……从总体规律看，同等幅度的负外部性增加，能源转型分岔点的右移幅度会逐渐减小。

结合上文分析，这里可得到第四个命题。

命题 6 - 4：单位能耗的负外部性加大，降低了真实储蓄量并减少了产出，使得人均消费变得更低。由于负外部性变大，需要更高比重的可再生能源才能抵消这种变大的负外部性，进而使人均消费在时序上递减的区间变得更宽，能源转型分岔点右移。

对于中国政府而言，控制并降低单位能耗所造成的负外部性，将使能源转型分岔点左移。关于这一方面，中国政府已经于 2017 年 4 月 17 日发布《中华人民共和国环境保护税法》，并于 2018 年 1 月 1 日正式生效。该法在一定程度上有助于降低化石能源使用所带来的负外部性，同时也将加速可再生能源的发展速度，两者合力将使能源转型分岔点左移。当然，国家环保部门也需要充分履行监督职责，以保证该法有效执行。

（3）外生参数 ρ 变动的影响。

在经济分析中，社会贴现率 ρ 一般在 0.01 ~ 0.05，本书初始值设定为 0.03。然而，现实经济中充满不确定性，这将导致社会贴现率升高或降低（Arrow et al.，1996）。再者，诸如林业等资源是可再生的，它们的价值并不会随时间而衰减，甚至会呈现递增的趋势（Portney and Weyant，1999）。国内一些学者也逐渐关注不确定性下的社会贴现率变动问题（刘昌义，2015）。

社会贴现率的变动会对能源转型的分岔点产生一定影响，这一点基于式（6 - 56）可推断出。结合上述社会贴现率的前沿研究，本小节设置另外三种情景：$\rho = 0.05$、$\rho = 0.01$ 和 $\rho = -0.01$。将这三个参数分别带入式（6 - 56）可模拟出人均消费变动与能源转型进度的关系图，求解对应的能源转型分岔点，其结果如图 6 - 6 所示。

首先，若不考虑不确定性，社会贴现率 ρ 有可能升高，即从初始值 0.03 升至 0.05。社会贴现率的升高，使能源转型的分岔点由

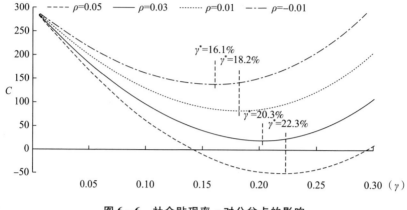

图6-6 社会贴现率 ρ 对分岔点的影响

20.3% 右移至 22.3%。为什么社会贴现率的升高会使能源转型的分岔点右移？社会贴现率的升高，使未来真实储蓄量变小，未来产出和未来的国民人均可支配收入均减少，与此同时，单位能耗所造成的负外部性（m）不变，若想弥补社会贴现率升高所导致的未来人均可支配收入的削减部分，可再生能源比重需进一步增加以削减负外部性（用这个削减部分来抵消贴现率升高所带来的负面影响），进而能源转型的分岔点右移。

其次，考虑不确定性，社会贴现率 ρ 也可能降低。正如情景设计，当 ρ 从 0.03 下降到 0.01 时，能源转型的分岔点由 20.3% 左移至 18.2%。社会贴现率的下降，导致一个更小的能源转型分岔点，其原因与社会贴现率升高的情形相反，这里不再赘述。

最后，对于可再生能源而言，它的价值并不会随着时间而衰减。若考虑这种背景，那么社会贴现率可能为负（本书设计情景为 $\rho = -0.01$），即随着时间推移，可再生能源所带来的价值会增加。依据图 6-6，当社会贴现率变为 $\rho = -0.01$ 时，能源转型的分岔点仅为 16.1%。相较于初始值下的 20.3%，中国经济发展实现从不可持续状态向可持续状态变迁的时间缩短 7 年。不过，从整个经济系统来看，社会贴现率很难为负值，基于现实情景，社会贴现率应为正值，由于存在不确定因素，该值应当是递减的。

总结来看，这里得到第五个命题。

命题 6-5：不确定因素下社会贴现率可能降低，社会贴现率的降低会导致未来人均可支配收入增加，在更大程度上抵消能源使用所带来的负外部性，人均消费递减趋势变得更为平坦，一个较低的可再生能源比重便足以抹平这种递减趋势，最终使能源转型面临一个较小的分岔点。此外，若考虑可再生能源的价值随时间递增的特性，能源转型的分岔点将进一步左移。

二 真实储蓄量作为经济可持续性指标的量化逻辑模型

理论分析中将人均消费作为评估经济可持续性的指标是直观的，但涉及模拟研究时，人均消费不再是一个合适的指标①。后续模拟研究中，本书将选择国际上最通用的指标——真实储蓄量来评估经济可持续性。

然而，在构建具体的模拟分析模型之前，还需要厘清一个逻辑：真实储蓄量是怎样成为量化经济可持续性的指标的，真实储蓄量与经济可持续性之间的经济学内在逻辑是什么？

这里假设存在一个闭合的经济体，它只使用一种资源来生产一种最终产品，这一关系可写作 $F(K, R, H) = C + \dot{K} + a + h$，$K$ 表示人造资本，R 表示自然资源使用，H 表示人力资本，C 表示消费，a 表示污染减轻支出，h 表示人力资本投资。人力资本与人力资本投

---

① 为什么人均消费指标不适用于模拟研究，在"评估经济可持续性的两种视角及二者联系"一节中已做了较为详细的解释。

资之间的关系用一个隐函数表示，$\dot{H} = g（h）$；污染物排放 e 写成一个产出与污染减轻支出的函数式，$e = e（F, a）$；污染物存量 X 与污染物排放 e 之间的关系写作 $\dot{X} = e - d（X）$，$d(\cdot)$ 表示自然环境对污染物的自净量；自然环境给消费者带来的影响 B 与污染物存量成反比，二者的关系写作 $B = b（X）$，$b_X = \dfrac{\mathrm{d}b}{\mathrm{d}X} < 0$；自然资源以速度 s 增长且以 R 的量被使用，进而自然资源存量 S 的动态方程写作：$\dot{S} = s（S）- R$。

基于以上设定，该闭合经济体社会福利最大化问题的目标函数为：

$$\max W = \int_0^\infty U(C, B)e^{-\rho t}\mathrm{d}t \tag{6-58}$$

约束方程为 $\dot{K} = F - C - a - h$，$\dot{X} = e - d$，$\dot{S} = s - R$，$\dot{H} = g（h）$。式（6-58）中 $U(\cdot)$ 表示效用方程，ρ 表示社会贴现率。

基于所求解的一阶最优化条件，可将汉密尔顿方程改写作：

$$H = U(C, B) + U_C\left[\dot{K} - (1 - n\,e_F)F_R(R - s) - n(e - d) + \frac{g}{g'}\right] \tag{6-59}$$

在式（6-59）中，n 表示污染减轻的边际成本，同时该成本也等于污染物排放所带来的边际社会成本。显然，n 是一个庇古税，它的存在使环境污染所带来的社会成本进入这个闭合经济体，最终导致产出水平回归到完全竞争市场水平，社会福利达到最大化。此外，$n\,e_F$ 可被解释成庇古税率。

由于 $\dot{X} = e - d$，$\dot{S} = s - R$，这里将式（6-59）进一步改写：

$$H = U(C, B) + U_C\left[\dot{K} + (1 - n\,e_F)F_R\dot{S} - n\dot{X} + \frac{g}{g'}\right] \tag{6-60}$$

在式（6-60）中，中括号内每个部分均具有经济学含义：$\dot{K}$ 表示人造资本净值, $(1 - n\,e_F)\,F_R\dot{S}$ 表示自然资源净值, $n\dot{X}$ 表示环境污染所带来的损失, $\dfrac{g}{g'}$ 表示人力资本净值, 这四个部分的加总代表一个时点下该闭合经济体中所有类型资本的总净值。这里, 将中括号里所核算的所有类型资本的总净值称作真实储蓄量 (Hamilton, 2000)。

用 GS 表示真实储蓄量, 那么基于式 (6 - 60) 可以探讨真实储蓄量与社会福利变动的关系。结合 Hamilton 和 Clemens (1999) 的研究, 对任意时点而言, 社会福利的变动主要取决于式 (6 - 60) 中的第二部分, 进而这里存在如下关系式:

$$\dot{W} = U_c \times \dot{GS} \tag{6 - 61}$$

一般而言, 消费所带来的边际效用是一个正值, 即 $U_c > 0$。基于式 (6 - 61), 若 $\dot{GS} \geqslant 0$, 则 $\dot{W} \geqslant 0$, 这意味着若两期之间的真实储蓄量是非减的, 那么下一期的社会福利至少不小于当期的社会福利。

遵循上述经济逻辑, 发现真实储蓄量若在时序上保持一个非减的趋势, 那么经济可持续性便足以维持。因此, 真实储蓄量成为评价经济可持续性的指标。

三　小结

化石能源的使用导致环境退化, 这种退化给经济系统带来巨大的负外部性, 使经济发展处于一种不可持续状态, 但这种状态正随着能源转型而改变。衡量可持续发展最直观的指标是人均消费的时序特征, 人均消费在时序上非减意味经济发展是可持续的, 反之,经济发展是不可持续的。基于所构建的能源转型经济模型和中国经济数据，研究表明以下两点。首先，能源转型过程中的确存在一个分岔点，在分岔点前后人均消费的时序特征会发生质的变化。在分岔点之前，人均消费在时序上递减，经济发展是不可持续的；在分岔点之后，人均消费在时序上递增，经济发展变为可持续的。其次，能源转型分岔点所对应的能源转型进度为 20.3%，2018 年中国能源转型进度为 14.2%，按 0.6% 的可再生能源年增加比重，预计 2028 年中国能够实现经济发展状态的逆转。

考虑到中国的外在经济环境正不断变化，它将改变式（6 – 56）中的相关参数，进而影响到能源转型分岔点的位置。

（1）可再生能源比重以一个更快的速度增加，会导致单位能耗所造成的负外部性被更大幅度地削弱，这使得能源转型的分岔点左移；反之，可再生能源占比以一个较慢的速度增加，分岔点会右移。

（2）当经济发展处于不可持续状态时，更高的资本产出弹性所引致的产出增加，会减弱人均消费的递减趋势，分岔点相应左移；而更高的能源产出弹性不仅会使产出增加，还会加大能源使用所带来的负外部性，人均消费的递减趋势增强，分岔点相应右移。

（3）单位能耗的负外部性加大，降低了真实储蓄量并减少产出，最终导致一个更小的人均消费。由于负外部性变大，可再生能源比重需要进一步增加才能抵消这种负外部性，进而使人均消费在时序上递减的区间变得更宽，能源转型分岔点右移。

（4）在不确定因素下，社会贴现率随时间递减，社会贴现率降低会导致未来人均可支配收入增加，在更大程度上抵消化石能源使用所带来的损失，人均消费递减趋势变得更为平坦。相应地，较低的可再生能源比重便足以抹平这种递减趋势，最终使经济发展更容易逆转到可持续状态，此时的分岔点是左移的。此外，若考虑可再生能源的价值随时间递增的特性，能源转型的分岔点将进一步左移。

　　最后，本章借助数学建模的方式阐明了真实储蓄量是怎样成为量化经济可持续性的指标的。真实储蓄量具备量化经济可持续性的经济学基础，后文将构建包含真实储蓄量的模拟模型，并验证理论研究中所得到的一些命题。

第三篇

模拟分析

第7章　构建包含能源转型与真实
储蓄量的 DSGE 模型

在本章中，首先将真实储蓄量纳入 DSGE 模型，该模型包括居民部门、中间产品部门、最终产品部门和真实储蓄量核算四个模块。其次，结合相关研究和中国经济数据，对 DSGE 模型中相关参数进行校准并解释各参数的经济学含义。本章所构建的 DSGE 模型用于后文能源转型的经济可持续增长效应分析。

一　模型构成

本 DSGE 模型中共包括三个部门：居民部门、中间产品部门和最终产品部门。真实储蓄量与这三个部门均存在联系，依据真实储蓄量的核算规则，居民部门的教育投入、中间产品部门碳排放所造成的损失和最终产品部门所生产的产品被储蓄部分均需纳入真实储蓄量。总体而言，纳入真实储蓄量的 DSGE 模型如图 7 - 1 所示。

依据图 7 - 1 的基本框架，分别对各个部门进行设计。具体而言，本节分为四个部分：（一）居民部门模型；（二）中间产品部门模型；（三）最终产品部门模型；（四）市场出清、冲击和真实储蓄量核算。此外，依据中间产品部门与能源（化石能源和可再生能源）的关系，中间产品部门被分为两类部门：第 I 类中间产品部门由传

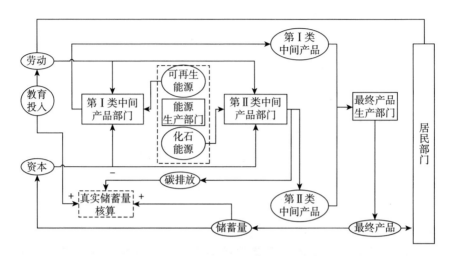

图 7 - 1　纳入真实储蓄量的 DSGE 模型

统企业组成，第Ⅱ类中间产品部门由环境友好型企业组成。

（一）居民部门模型

假设居民部门只生活着一个无限生命期限的典型居民，这里将每一个生产周期的长度标准化为 1，该典型居民在扣除学习时间之外，可在闲暇和工作之间自由分配时间。现实经济中不存在一个无限生命期限的典型居民，但若将整个经济体所拥有的总人群视为一个整体，那么只要这个总人群的人口增长率不小于 0，该典型居民将具有无限生命期限。

$$O_t + L_t + LS_t = 1 \qquad (7-1)$$

其中，O_t 表示第 t 时期该典型居民花费在闲暇上的时间，L_t 表示第 t 时期他花费在劳动上的时间，LS 表示他花费在学习上的时间。该典型居民的效用函数取决于两个因素——闲暇和消费，进而对式（7 - 1）进行改写：

$$O_t + L_t = 1 - LS_t \qquad (7-2)$$

更多劳动会获得更多收入，进而支撑更多的消费，但也相对挤占了闲暇时间。因此他需要在闲暇和劳动之间做一个权衡，效用函数表示为：

$$u(O_t, C_t) = \chi \ln(C_t) + (1 - \chi) \ln(O_t) \qquad (7-3)$$

其中，χ 表示消费在效用函数中所占权重。由于中间产品生产过程中会使用化石能源，它会对居民部门产生负外部性。这种负外部性取决于第 t 期化石能源的使用量，化石能源使用量越大，对居民部门造成的负外部性越大。因此，应当引入一个负外部性方程以度量可再生能源所造成的负效用，同时对式（7-2）进行变形并代入式（7-3），进而得到：

$$u(O_t, C_t) = \chi \ln(C_t) + (1 - \chi) \ln(1 - LS_t - L_t) - (1 - \gamma) E_t \, \epsilon_E \qquad (7-4)$$

在式（7-4）中，γ 表示可再生能源占总能源使用量的比重，ϵ_E 表示环境污染对消费者效用的影响程度。此外，假设社会贴现率为 ρ，且该典型居民是拥有完全信息的，那么所有时期居民部门的总效用函数可写作：

$$U = \sum_{t=0}^{T} \rho^t u(O_t, C_t) \qquad (7-5)$$

接下来，本书需要探讨该典型居民所面对的预算约束。为了简化分析，该典型居民不仅是资本所有者和能源供给者，同时也向中间产品部门输送劳动力（由于该典型居民会学习，故而准确地说他所提供的劳动力应是人力资本）。换言之，该典型居民所获得的总收入等于各生产要素使用量与各要素市场价格乘积的总额。在支出上，该典型居民将总收入分配到消费、储蓄和税收三个方面，这里的税收主要用于政府治理化石能源所造成的环境污染，由于该典型居民也是能源的供给者，那么这一项环境治理支出应当由居民部门支付。

综合而言，该典型居民的约束方程为：

$$C_t + S_t + T_t = R_t K_t + W_t H_t L_t + J_t E_t \qquad (7-6)$$

其中，R_t 为资本的供给价格，W_t 为人力资本的供给价格，J_t 为能源要素的供给价格。假定居民部门在要素市场上不具有议价能力，即三种要素的供给价格即为生产部门的需求价格。这里需要进一步讨论式（7-6）中的一些变量关系，主要包括资本存量 K 与储蓄 S 的关系，以及人力资本附加的形成。

1. 资本存量 K 与储蓄 S 的关系

两期资本存量之间的关系表述为，下一期资本存量等于当期资本存量的未折旧部分加上当期新生投资。令资本的折旧率为 δ_K，当期新生投资为 IK_t，那么任意两期资本存量的关系遵循如下方程：

$$K_{t+1} = (1 - \delta_K) K_t + IK_t \qquad (7-7)$$

若每一期的储蓄全部转化为新生投资，即 $S_t = IK_t$，那么将它代入式（7-7）中即可得到储蓄与资本存量的关系式：

$$K_{t+1} - (1 - \delta_K) K_t = S_t \qquad (7-8)$$

2. 人力资本附加的形成

人力资本附加的形成与教育投入密切相关，这里令 H 表示人力资本附加，同时人力资本附加只有与劳动力相结合才会转变为人力资本，单纯的人力资本附加是不具备经济学含义的。目前，学术界关于教育投入应包含哪些成分存在两种观点：第一种观点，时间投入是唯一的教育投入品（Heckman，1976）；第二种观点，时间投入和物质资本投入均是教育投入的必需品（Trostel，1993）。相比于第二种观点，第一种观点在构建经济模型中的应用范围更广，一个主要原因在于构建经济模型的核心目的是研究经济运行的内在规律，当经济模型本身比较复杂时，若将教育投入细化会使模型更加复杂。

因此，这里只考虑将时间投入作为教育投入唯一的必需品。

若将时间投入视为唯一的教育投入，Heckman（1976）构建了新生人力资本附加与时间投入的关系式：

$$IH_t = D_t(LS)^\theta \tag{7-9}$$

同样，人力资本附加也会随时间而折旧，这里令其折旧率为 δ_H。两期人力资本附加之间的关系表述为下一期人力资本附加等于当期人力资本附加未折旧部分加上当期新生人力资本附加，同时引入式（7-9）可得到两期人力资本附加的关系式：

$$H_{t+1} = (1 - \delta_H)H_t + D_t(LS)^\theta \tag{7-10}$$

结合式（7-5）、式（7-6）、式（7-8）和式（7-10），可构造该典型居民在预算约束下的效用最大化方程，其拉格朗日函数形式如下：

$$L = \sum_{t=0}^{T} \rho^t \left\{ \begin{array}{l} \chi \ln(C_t) + (1-\chi)\ln(1 - LS_t - L_t) - (1-\gamma)E_t \epsilon_E \\ - \lambda_t^c [C_t + K_{t+1} - (1-\delta_K)K_t + T_t - R_t K_t - W_t H_t L_t - J_t E_t] \\ - \lambda_t^h [H_{t+1} - (1-\delta_H)H_t - D_t(LS_t)^\theta] \end{array} \right\} \tag{7-11}$$

基于式（7-11）分别对消费 C_t、劳动 L_t、学习时间 LS_t、资本 K_t、人力资本附加 H_t 和能源 E_t 求偏导，得到如下式子：

$$\frac{\chi}{C_t} = \lambda_t^c \tag{7-12}$$

$$\frac{1-\chi}{1 - LS_t - L_t} = \lambda_t^c W_t H_t \tag{7-13}$$

$$\frac{1-\chi}{1 - LS_t - L_t} = \lambda_t^h \theta D_t (LS_t)^{\theta-1} \tag{7-14}$$

$$\lambda_{t-1}^c = -\lambda_t^c \rho(\delta_K - R_t - 1) \tag{7-15}$$

$$\lambda_{t-1}^h = \rho[\lambda_t^c W_t L_t - (\delta_H - 1)\lambda_t^h] \tag{7-16}$$

$$(1 - \gamma) \epsilon_E = J_t \lambda_t^c \qquad (7-17)$$

由于式（7-11）中的资本 K_t 和人力资本附加 H_t 分别与上一期的数值存在紧密联系，同时式（7-11）涉及各时期的现值转化问题（即需要将未来每一期值通过贴现率转化为现值），因此本书对各变量求偏导的过程较为复杂，这里只呈现最终偏导结果，具体过程见附录 C。

下面将基于各变量的一阶偏导条件，消除上式中的两个拉格朗日算子 λ^c 和 λ^h。首先，将式（7-12）代入式（7-13），即可消除 λ_t^c：

$$\frac{1 - \chi}{1 - LS_t - L_t} = \frac{\chi \, W_t \, H_t}{C_t} \qquad (7-18)$$

上式刻画了劳动、人力资本附加与消费之间的关系。然后，对式（7-12）滞后一期可得 $\frac{\chi}{C_{t-1}} = \lambda_{t-1}^c$，并将这个新式子和式（7-12）同时代入式（7-15），化简：

$$\frac{C_t}{C_{t-1}} = \rho(R_t + 1 - \delta_K) \qquad (7-19)$$

上式说明消费的边际替代率与资本回报、资本折旧率和社会贴现率相关。由式（7-14）可得 $\lambda_t^h = \dfrac{1 - \chi}{1 - LS_t - L_t} \dfrac{1}{\theta \, D_t \, (LS_t)^{\theta-1}}$，同样，这里也可以得到 λ_t^h 滞后一期的表达式 $\lambda_{t-1}^h = \dfrac{1 - \chi}{1 - LS_{t-1} - L_{t-1}}$ $\dfrac{1}{\theta \, D_{t-1} \, (LS_{t-1})^{\theta-1}}$，将这两个关系式和 $\lambda_t^c = \dfrac{\chi}{C_t}$ 同时代入式（7-16）。此外，若将整个经济体的总人群视为一个整体，那么该整体的学习时间在短期内应当是一个定值或者变化很小，因此这里假定该典型居民的学习时间是既定的（放到后面），即令 $LS_t = LS_{t-1} = B$。最终，这里得到居民部门最大化效用所遵循的第三个方程：

$$\frac{B^{\theta-1}(\chi-1)}{\theta\rho D_{t-1}(1-B-L_{t-1})} + \frac{\chi W_t L_t}{C_t} = \frac{B^{\theta-1}(\chi-1)(\delta_H-1)}{\theta D_t(B+L_{t-1}-1)} \qquad (7-20)$$

最后，将 $\lambda_t^c = \dfrac{\chi}{C_t}$ 代入式（7-17），即可得到能源价格与消费之间的关系式：

$$J_t = \frac{(1-\gamma)\,\epsilon_E\,C_t}{\chi} \qquad (7-21)$$

（二）中间产品部门模型

在本 DSGE 模型中，假定中间产品部门使用资本、劳动和能源生产中间产品，而最终产品部门则使用中间产品来生产最终产品。这种假定使得在整个 DSGE 模型中，只有中间产品部门会造成环境污染。进一步，这里将中间产品部门分为两种类型：第Ⅰ种类型由传统的中间产品生产企业组成，该部门只使用化石能源，生产过程中会造成环境污染；第Ⅱ种类型由环境友好型的中间产品生产企业组成，该部门只使用可再生能源，生产过程不会造成环境污染。

为了将这两种类型的中间产品部门与能源转型建立联系，能源转型进度用 γ 表示。这里假定中间产品部门中有 γ 比重的环境友好型企业，有（$1-\gamma$）比重的传统企业。遵循这一假定，要素市场中的三种生产要素均被分割为两个部分，即环境友好型企业将使用 γ 比重的资本、劳动和能源要素，而传统企业则使用（$1-\gamma$）比重的资本、劳动和能源要素。

接下来，本节将分别构建两种类型企业并求解各类型企业的利润最大化一阶条件。

1. 传统企业

由于传统企业只使用化石能源，它不仅会对居民部门产生负外部性，同时也会对自身的生产过程造成负面影响，环境污染会降低生产效率，在相同的要素投入和技术水平下，企业的经济产出会下降（Annicchiarico and Di Dio，2015）。为了刻画这种环境污染所导致的生产效率下降，在构建生产函数的时候应在潜在产出的基础上减去一个产出偏离，这里产出偏离等于潜在产出乘以产出偏离系数，该系数表示环境污染所导致的实际产出与潜在产出的偏离程度，具体而言，该生产函数写作：

$$FQ_t = [1 - \Gamma(M_t)] \overline{FQ_t} \qquad (7-22)$$

$$FQ_t = [1 - \Gamma(M_t)] A_t (KF_t)^{\alpha} (H_t LF_t)^{\beta} (EF_t)^{1-\alpha-\beta} \qquad (7-23)$$

$$KF_t = (1-\gamma) K_t, LF_t = (1-\gamma) L_t, EF_t = (1-\gamma) E_t \qquad (7-24)$$

其中，FQ_t 表示传统企业的实际总产出，$\overline{FQ_t}$ 表示传统企业的潜在产出，$\Gamma(M_t)$ 即为上述产出偏离系数，A_t 表示技术进步，KF_t 表示传统企业所投入的资本存量，H_t 表示人力资本附加，LF_t 表示传统企业所投入的劳动力数量，$H_t LF_t$ 即为该类企业所投入的人力资本存量，EF_t 表示化石能源投入量，α 表示资本所得占总产出的比重，β 表示人力资本所得占总产出的比重，$(1-\alpha-\beta)$ 表示能源所得占总产出的比重。

（1）产出偏离系数。

产出偏离系数的大小与污染物存量密切相关，这里令第 t 期的污染物存量为 M_t，那么产出偏离系数与该存量的关系如下（Annicchiarico and Di Dio，2015；Heutel，2012）：

$$\Gamma(M_t) = \epsilon_0 + \epsilon_1 M_t + \epsilon_2 M_t^2 \qquad (7-25)$$

其中，ϵ_0、ϵ_1 和 ϵ_2 三个参数综合决定污染物存量对产出偏离系数的影响。实证研究表明 $\epsilon_2 > 0$，即式（7-25）应是一个开口方向朝上的二次函数方程，同时污染物存量的最小值一般位于该方程对称轴的右边，意味着污染物存量越大，产出偏离系数越大（Annic-

chiarico and Di Dio，2015）。换句话说，污染物存量越高，传统企业
的实际产出偏离潜在产出越远。

（2）污染物存量。

污染物存量取决于三个因素：第一，自然环境自身具有净化功
能，该功能会降低污染物存量；第二，化石能源的使用会造成环境
污染，进而增加污染物存量；第三，政府通过污染治理将降低污染
物存量。考虑这三个因素，当期污染物存量与上一期污染物存量的
关系可写作：

$$M_t = (1 - \delta_M) M_{t-1} + m\, EF_t - \Lambda(T_t) M_{t-1} \qquad (7-26)$$

上式中，δ_M 表示自然环境的自净速度，m 表示每单位化石能源使
用所造成的环境污染，$m\, EF_t$ 表示第 t 期化石能能源使用所增加的新生
污染物量，$\Lambda(T_t)$ 表示政府污染治理的效果。这里，$\Lambda(T_t) = \epsilon_T \mathrm{Log}(1 + T_t)$，$\epsilon_T$ 表示每单位税收减少污染物的比例。同时，政府的环境治
理效果也存在一个递减规律，即随着环境治理费用不断增加，其
边际治理效果逐渐下降。为了刻画这一递减规律，本书对税收取
对数形式且考虑对数函数的性质①，这里将税收的对数形式设计为
$\mathrm{Log}(1 + T_t)$。综合而言，污染物存量的方程可写作：

$$M_t = (1 - \delta_M) M_{t-1} + m\, EF_t - \epsilon_T \mathrm{Log}(1 + T_t) M_{t-1} \qquad (7-27)$$

（3）传统企业所面临的成本约束方程。

由于传统企业的生产要素包括资本、人力资本和能源三种要素，
这里假定不存在其他成本，该类企业所面临的总生产成本即为三种
要素成本之和。资本要素的价格为资本租（RF_t），人力资本要素的

---

① 需注意，对数函数在 [0，1] 区间上为负值，而政府只要对污染治理进行投入，那么
其治理效果理论上应当为正。因此，为了修正这一偏差，这里将对数函数的对称轴向
左平移一个单位，即写成 $\mathrm{Log}(1 + T_t)$。

价格为工资（WF_t），能源要素的价格为能源租（JF_t），总要素成本为：

$$FTC = RF_t KF_t + WF_t H_t LF_t + JF_t EF_t \qquad (7-28)$$

正如前文所言，由于中间产品部门中只存在两种类型的企业，传统企业使用（$1-\gamma$）比重的资本存量和人力资本存量，对应的要素成本写作（$1-\gamma$）$RF_t K_t$ 和（$1-\gamma$）$WF_t H_t L_t$；同时化石能源的要素成本则为 $JF_t EF_t$，最终传统型企业所面临的总成本 FTC 等于这三种成本之和。

结合式（7-23）和（7-27），令传统企业所生产的中间产品的价格为 FP_t，那么该类企业的利润方程等于总收益减去总成本，即为：

$$F\pi_t = FP_t FQ_t - FTC = FP_t [1 - \Gamma(M_t)] A_t (KF_t)^\alpha (H_t LF_t)^\beta (EF_t)^{1-\alpha-\beta}$$
$$- (RF_t KF_t + WF_t H_t LF_t + JF_t EF_t) \qquad (7-29)$$

（4）传统企业利润最大化一阶条件。

为了保证传统企业获取最大化利润，需基于式（7-29）分别对 KF_t、LF_t 和 EF_t 求偏导且偏导式子等于 0，即保证经济学上各投入要素的边际收益等于其边际成本。

$$RF_t = \alpha[1 - \Gamma(M_t)] FP_t A_t (KF_t)^{\alpha-1} (H_t LF_t)^\beta (EF_t)^{1-\alpha-\beta} \qquad (7-30)$$

$$WF_t = \beta[1 - \Gamma(M_t)] FP_t A_t (KF_t)^\alpha (H_t LF_t)^{\beta-1} (EF_t)^{1-\alpha-\beta} \qquad (7-31)$$

$$JF_t = (1 - \alpha - \beta)(\mathrm{d}M) FP_t A_t (KF_t)^{\alpha-1} (H_t LF_t)^\beta (EF_t)^{-\alpha-\beta} \qquad (7-32)$$

其中，式（7-32）中 $\mathrm{d}M$ 表示 $f = [1 - \Gamma(M_t)]$ 对 EF_t 的导数，结合式（7-25）和式（7-27），发现 f 函数是一个关于 EF_t 的函数，因此这里需要对其求导。具体而言，$\mathrm{d}M$ 可表示为：

$$\mathrm{d}M = \mathrm{d}\{\epsilon_0 + \epsilon_1 [(1 - \delta_M) M_{t-1} + m EF_t - \epsilon_T \mathrm{Log}(1 + T_t) M_{t-1}]$$
$$+ \epsilon_2 [(1 - \delta_M) M_{t-1} + m EF_t - \epsilon_T \mathrm{Log}(1 + T_t) M_{t-1}]^2\}/\mathrm{d}EF_t$$

$$(7-33)$$

考虑篇幅原因，这里不再对式（7 - 33）进行下一步推导，后续推导工作将在数学软件 Mathematica 中进行。类似地，后文中一些复杂的推导过程也不在文中一一列出，文中主要展示核心推导过程。

2. 环境友好型企业

环境友好型企业只使用可再生能源，不造成环境污染，但在整个经济系统中该类企业也将受到环境污染的影响。换言之，即便环境友好型企业不对环境造成污染，但它的生产效率也会因为负外部性的存在而降低。同样，环境友好型企业也遭受一个 $\Gamma(M_t)$ 比例的产出损失，即它的生产函数为：

$$NQ_t = [1 - \Gamma(M_t)] \overline{NQ_t} \qquad (7 - 34)$$

不失一般性，式子 $[1 - \Gamma(M_t)]$ 与传统企业是相同的，这里不再对其进行描述。进一步，环境友好型企业的潜在产出 $\overline{NQ_t}$ 也采用柯布 - 道格拉斯函数形式，即为：

$$\overline{NQ_t} = A_t (KN_t)^\alpha (H_t LN_t)^\beta (EN_t)^{1-\alpha-\beta} \qquad (7 - 35)$$

$$KN_t = \gamma K_t, \ LN_t = \gamma L_t, \ EN_t = \gamma E_t \qquad (7 - 36)$$

其中，KN_t 表示第 t 时期环境友好型企业投入的资本存量，LN_t 表示该类企业第 t 时期所投入的劳动力数量，$H_t LN_t$ 表示对应的人力资本存量，EN_t 表示第 t 时期可再生能源投入量。此外，遵循当前能源转型进度 γ，由于环境友好型企业只使用可再生能源，可再生能源占总能源的比重为 γ，故该类企业投入的劳动力和资本数量应占这两种要素总投入量的比例也为 γ，即 KN_t、LN_t 和 EN_t 与 K_t、L_t 和 E_t 的关系如式（7 - 36）所示。

（1）环境友好型企业所面临的成本约束方程。

环境友好型企业的生产要素也包括资本、人力资本和能源三种要素，这里同样假定不存在其他成本，该类企业所面临的总生产成本即为三种要素成本之和。需注意，环境友好型企业也将基于利润最大化原则来决定要素的使用数量和要素价格，因此该类企业的资本租为 RN_t，工资为 WN_t，能源租为 JN_t，总要素成本表示为：

$$NTC = RN_t KN_t + WN_t H_t LN_t + JN_t EN_t \qquad (7-37)$$

结合式（7-35），资本的要素成本也可以表示为 $\gamma K_t RN_t$，人力资本的要素成本可表示为 $\gamma H_t L_t WN_t$，能源的要素成本可表示为 $\gamma E_t JN_t$。接下来，基于式（7-34）、式（7-35）和式（7-37），同时令环境友好型企业所生产的中间产品的价格为 NP_t，可得到环境友好型企业的利润（$N\pi_t$）方程为：

$$N\pi_t = NP_t NQ_t - NTC = NP_t [1 - \Gamma(M_t)] A_t (KN_t)^\alpha (H_t LN_t)^\beta (EN_t)^{1-\alpha-\beta}$$
$$- (RN_t KN_t + WN_t H_t LN_t + JN_t EN_t) \qquad (7-38)$$

（2）环境友好型企业的利润最大化一阶条件。

类似地，基于式（7-38）分别对 KN_t、LN_t 和 EN_t 三种投入要素求一阶偏导并令各等式为 0，得到该类企业利润最大化的一阶条件：

$$RN_t = \alpha [1 - \Gamma(M_t)] NP_t A_t (KN_t)^{\alpha-1} (H_t LN_t)^\beta (EN_t)^{1-\alpha-\beta} \quad (7-39)$$

$$WN_t = \beta [1 - \Gamma(M_t)] NP_t A_t (KN_t)^\alpha (H_t LN_t)^{\beta-1} (EN_t)^{1-\alpha-\beta} \quad (7-40)$$

$$JN_t = (1 - \alpha - \beta) [1 - \Gamma(M_t)] NP_t A_t (KN_t)^{\alpha-1} (H_t LN_t)^\beta (EN_t)^{-\alpha-\beta}$$
$$(7-41)$$

比较环境友好型企业和传统企业的利润最大化一阶条件，发现资本租和工资的表达式非常相似，这一点不难理解，因为两种类型企业的生产函数形式均为柯布-道格拉斯函数形式，同时两者均受到环境污染的负外部性影响，唯一的区别在于投入要素量不同，进而资本租和工资在数值上存在差异。然而，比较式（7-32）和式

（7－41），发现这两个式子存在一定差异。为什么？首先从数学推导上来看，$\Gamma(M_t)$ 是 EF_t 的函数，在求解能源要素的一阶条件时必须对这一项也进行求导，故传统企业能源要素一阶条件中包含 dM，但对于环境友好型企业而言，$\Gamma(M_t)$ 不是 EN_t 的函数，因此不需要对 $[1-\Gamma(M_t)]$ 进行求导。从经济学原理来看，传统企业是污染物的制造者，该类企业若想增加潜在产量就必须提高化石能源投入量，与此同时，化石能源投入量的增加又会增加污染物排放，进而导致生产率下降，这里存在一个取舍问题：提升能源投入量以增加潜在产出和降低能源投入量以减少生产率损失。对于环境友好型企业而言，它是环境污染背景下的受害者，它只能被动接受这一现实并在这一环境下寻找利润最大化的一阶条件。

（三）　最终产品部门模型

假定最终产品部门是完全竞争的，这一假定意味着最终产品部门中的企业是买方市场和卖方市场上的价格接受者。不失一般性，假设最终产品部门中只存在一个企业，称为最终企业，该企业从中间产品市场购买中间产品以生产最终产品。此外，该企业能够用尽中间产品部门所生产的所有中间产品。

1. 最终产品部门模型

令最终企业所生产的最终产品数量为 Y_t，最终产品的价格标准化为 1。最终产品的价格标准化为 1，其经济学含义即为不考虑通货膨胀。虽然通货膨胀是一个值得研究的问题，但在本书中假定经济系统物价稳定，这也是宏观经济的主要目标之一，更重要的是，在物价稳定的背景下研究经济均衡问题更有意义，物价波动也会使本书的研究更为复杂。

最终企业的利润方程写作：

$$\pi = Y_t - FP_t FQ_t - NP_t NQ_t \qquad (7-42)$$

由于最终企业是买方和卖方市场中的价格接受者，该企业的最终利润为0。换言之，式（7-42）可以改写为：

$$Y_t = FP_t FQ_t + NP_t NQ_t \qquad (7-43)$$

2. 投入要素需求价格的加总

由于最终部门的利润为0，这意味着在本 DSGE 模型中，可将最终产品部门看作一个"装配"部门，即最终产品部门不产生增加值。然而，中间产品部门会产生增加值，且各类要素所有者将依各投入要素的使用量和价格来分享每一期的增加值。前文中提到中间产品部门存在两种不同类型的企业，对任一投入要素而言，每一类企业都将决定一个要素价格，为了保证居民部门（各要素的所有者）的要素供给价格与中间产品部门的要素需求价格相同，这里需要通过加权的方式得到每一种投入要素的总需求价格。

正如前文所言，中间产品部门中的两类企业被能源转型进度分割，即当能源转型进度为 γ 时，对任一要素市场而言，必定存在一种关系：γ 比例的该要素被环境友好型企业使用，$(1-\gamma)$ 比例的该要素被传统企业使用。遵循这一关系，居民部门所面对的要素价格和中间产品部门所决定的要素价格可表示为：

$$R_t K_t = RF_t KF_t + RN_t KN_t \qquad (7-44)$$

$$W_t H_t L_t = WF_t H_t LF_t + WN_t H_t LN_t \qquad (7-45)$$

$$J_t E_t = JF_t EF_t + JN_t EN_t \qquad (7-46)$$

结合式（7-24）和式（7-36），分别消除上述三式中的 K_t、$H_t L_t$ 和 E_t，即可以得到居民部门所面对的要素价格：

$$R_t = (1-\gamma)RF_t + \gamma RN_t$$

$$W_t = (1-\gamma)WF_t + \gamma WN_t \qquad (7-47)$$

$$J_t = (1-\gamma)JF_t + \gamma JN_t$$

进一步，将上文中间产品部门模型中所推导出的各要素价格代入式（7 - 47），即可将居民部门所面对的资本租（R_t）、工资（W_t）和能源租（J_t）写作（关于下式的详细推导，见附录 C - b）：

$$R_t = \alpha [1 - \Gamma(M_t)] A_t [(1 - \gamma) FP_t (KF_t)^{\alpha-1} (H_t LF_t)^{\beta} (EF_t)^{1-\alpha-\beta}$$
$$+ \gamma NP_t (KN_t)^{\alpha-1} (H_t LN_t)^{\beta} (EN_t)^{1-\alpha-\beta}]$$

$$(7 - 48)$$

$$W_t = \beta [1 - \Gamma(M_t)] A_t [(1 - \gamma) FP_t (KF_t)^{\alpha} (H_t LF_t)^{\beta-1} (EF_t)^{1-\alpha-\beta}$$
$$+ \gamma NP_t (KN_t)^{\alpha} (H_t LN_t)^{\beta-1} (EN_t)^{1-\alpha-\beta}]$$

$$(7 - 49)$$

$$J_t = (1 - \alpha - \beta) \{(1 - \gamma)(dM) FP_t A_t (KF_t)^{\alpha-1} (H_t LF_t)^{\beta} (EF_t)^{-\alpha-\beta}$$
$$+ \gamma [1 - \Gamma(M_t)] NP_t A_t (KN_t)^{\alpha-1} (H_t LN_t)^{\beta} (EN_t)^{-\alpha-\beta}\}$$

$$(7 - 50)$$

在本小节的结尾部分，有两点有必要说明。

（1）为什么要对要素的需求价格进行加总？以能源要素为例，由于中间产品部门存在两种不同类型的企业，对应着两种不同的要素需求价格。从居民部门预算约束最大化的角度来看，该典型居民应该比较两种要素的需求价格，选择价格高的能源进行供给，比如可再生能源价格高，该典型居民优先供给可再生能源。换言之，这里不对需求价格进行加总将使该典型居民拥有选择权。然而，能源转型进度在某一时期是一个既定量，即便可再生能源价格高，其占总能源的比重也不可能被改变，因此这种选择在现实中是不存在的。总结而言，要素市场中所形成的需求价格差异源于能源转型，而某一时期能源转型是既定的，这种具有差异性的需求价格无法影响要素投入量在两类企业中的配比，那么对能源需求价格进行加总无疑是一个好的选择。

（2）正如前文所假定的，居民部门在要素市场上不具有议价能力，加总后的要素需求价格等于要素的供给价格。为了便于后文的分析，这里不再区分要素的需求价格和供给价格，统称为要素价格。

（四）市场出清、冲击和真实储蓄量核算

为了保证整个 DSGE 模型是一个闭合的系统，需要保证市场满足出清条件，即保证每一个生产周期内最终产品部门所生产的最终产品被居民部门完全获得并转化为支出，居民部门的总收入等于总支出，并且中间产品部门所生产的中间产品全部被最终产品部门消耗。再者，在系统均衡的条件下，观察技术冲击和税收冲击等整个系统的影响。更重要的是，将真实储蓄量引入模型内，核算每一期的真实储蓄量，以衡量该经济系统的可持续性。

1. 市场出清和冲击

在本 DSGE 模型中，居民部门是生产要素的供给者和最终产品的消费者，中间产品部门是生产要素的需求者，而最终产品部门是最终产品的生产者。为了保证系统是一个闭合系统，需要满足市场出清条件。

（1）市场出清。

首先，最终产品部门的总产出应等于居民部门的总支出，总支出一栏中包括消费、储蓄和税收，同时前文已说明每一期的储蓄全部转化为当期新生投资，那么总产出等于总支出可写作：

$$Y_t = C_t + I_t + T_t = C_t + S_t + T_t \qquad (7-51)$$

其次，居民部门只存在一个典型居民，他是资本、劳动和能源三种要素的所有者和供给者，该典型居民的总收入为三种投入要素所得报酬，然后将它们用于消费、储蓄和税收。

$$C_t + S_t + T_t = R_t K_t + W_t H_t L_t + J_t E_t \qquad (7-52)$$

最后，最终产品部门是一个完全竞争的市场部门，其利润为 0。

该部门能够用尽中间产品部门所生产的所有中间产品，并将它们转化为最终产品供居民部门消费、储蓄或税收。此外，最终产品的价格既定，系统内的物价是稳定的，最终产品的价格标准化为 1。

$$Y_t = FP_t \, FQ_t + NP_t \, NQ_t \qquad\qquad (7-53)$$

在中间产品部门中存在传统企业和环境友好型企业，这两种企业所生产的中间产品存在一定差异，因此两种中间产品的价格有所不同。在能源转型分岔点之前，传统企业的生产成本和中间产品的价格相对较低；在分岔点之后，环境友好型企业的生产成本和中间产品的价格相对较低。为什么？因为分岔点之前的经济体系更适合传统企业的发展，如中间产品部门和其他部门之间的产业链更为发达，传统企业数量庞大且具有集聚优势。此外，化石能源占总能源的比重高，相应地，能源供给体系更为健全，化石能源的价格低于可再生能源价格，诸多优势使传统企业所生产的中间产品价格在分岔点之前更低。能源转型一旦突破分岔点，经济体系就会发生质变，更适合环境友好型企业发展，使其所生产的中间产品价格在分岔点之后变得更低。总结而言，两种中间产品的价格 FP_t 和 NP_t 在能源转型的分岔点前后会表现为：在分岔点前，$FP_t < NP_t$ ；在分岔点后，$FP_t > NP_t$ 。为了刻画两种中间产品价格与能源转型的关系，本书采用以下式子来表示：

$$FP_t = e^{\gamma_t - \gamma^*} \qquad\qquad (7-54)$$

$$NP_t = e^{\gamma^* - \gamma_t} \qquad\qquad (7-55)$$

其中，γ^* 表示能源转型的分岔点，γ_t 表示第 t 时期的能源转型进度。

（2）冲击。

这里主要考虑两类冲击：全要素生产率冲击和税收冲击。冲击可分为永久性冲击和短暂性冲击，意味着冲击对经济系统的影响也可划分为两种类型：第一种影响类型，永久性冲击会改变系统的均衡，即经济系统会从一个原均衡状态逐渐过渡到一个新的均衡状态；第二种影响类型，短暂性冲击只会暂时使经济系统偏离均衡状态，最终随着时间推移，经济系统会重新回到它的原均衡状态。

全要素生产率冲击显然是一个正向的永久性冲击，随着时间推移，生产部门的效率会逐渐提高并最终达到某一值。伴随着全要素生产率的提升，经济系统的均衡状态也会由一个原状态转变为新状态。全要素生产率冲击的数学形式写作：

$$\ln A_t = (1 - \omega_A)\ln \bar{A} + \omega_A \ln A_{t-1} + \epsilon_t^A \qquad (5-56)$$

其中，ω_A 表示全要素生产率自回归参数，ϵ_t^A 表示全要素生产率的标准差。

不同于全要素生产率，税收冲击一般是短暂性冲击。首先，环境污染治理是一个长期过程，现实经济中政府会一直征税。其次，税收冲击是指在原税收的基础上增加税收，短期内环境急剧恶化，政府需要提高税收以加大环境治理力度，随着环境质量的逐渐改善，税收冲击逐渐减弱。总结而言，这里的税收冲击会逐渐减弱并逐渐回到原始值，因此后文分析中，税收冲击应当是一种短暂性冲击。同理，税收冲击的数学形式写作：

$$\ln T_t = (1 - \omega_T)\ln \bar{T} + \omega_A \ln T_{t-1} + \epsilon_t^T \qquad (5-57)$$

其中，ω_T 表示税收的自回归参数，ϵ_t^T 表示税收的标准差。

全要素生产率冲击和税收冲击分属两种不同类型的冲击，前者会使经济系统由一个原均衡状态转变为新的均衡状态，后者则使经济系统在冲击减弱后会逐渐回到原状态。因此，在后文分析全要素生产率对经济系统的影响时，脉冲响应图主要描述经济系统如何从原均衡转变为新均衡的过程，而税收冲击下的脉冲响应图则刻画各经济变量在遭受税收冲击后偏离原均衡的程度以及如何回到原均衡的过程。

2. 真实储蓄量核算

真实储蓄量是衡量经济可持续性最通用的指标。真实储蓄量的一般形式为：

$$GS = GNP - C - \delta_K K - P_R G_R - P_M M + EDU \qquad (7-58)$$

其中，$GNP - C$ 表示总储蓄量，$GNP - C - \delta_K K$ 表示净储蓄量，P_R 表示自然资源的价格，G_R 表示资源的净增加量，P_M 表示单位污染物所造成的环境损失，M 表示污染物总量，EDU 表示教育支出。此外，若 $P_R > 0$，即自然资源的净增加量为正，那么 $P_R G_R$ 项从式（7-58）中剔除。

在式（7-58）的基础上，真实储蓄量衍生出另外一种核算方法，它的核心思路：由于真实储蓄量所要核算的是经济体的净总资本变化，这种资本变化直接影响未来经济发展的潜力和未来人均消费，因此核算真实储蓄量等同于核算一个经济体的净总资本变化（Pillarisetti，2005）。净总资本主要包括人造资本净值、人力资本净值、自然资本净值和环境效应净值四个部分，其中人造资本净值即为净储蓄量（总储蓄减去资本折旧），人力资本净值主要指教育支出，自然资本净值为自然资源的折旧（通俗地讲，即为自然资源被消耗部分的货币价值），环境效应净值指环境污染所带来的经济损失。两种核算方法原理相通，但第二种方法更为简洁明了，因此当前世界银行和可持续发展研究领域的学者多采用第二种方法。第二种方法的一般形式为：

$$GS = \sum_{i=1}^{N} (-1)^{f(i)} P_i \Delta K_i \qquad (7-59)$$

其中，P_i 表示第 i 种资本的市场价格，ΔK_i 表示第 i 种资本的净总量，P_i 和 ΔK_i 的值均为正值；$(-1)^{f(i)}$ 控制着第 i 种资本净值在整个 GS 核算中的符号，若某一资产的增加会导致真实储蓄量的下降，那么 $(-1)^{f(i)} = -1$，反之该值为 1。例如，若环境效应净值为第 4 种资产，增加的环境效应净值会使环境污染损失增大，在真实储蓄量核算的过程中，应当减去环境效应净值，即 $(-1)^{f(4)} = -1$；若教育支出为第 3 种资产，教育支出的增加会使真实储蓄量增加，在核算过程中，应当加上教育支出，即 $(-1)^{f(3)} = 1$。基于前文的分析，这些资本主要包括总储蓄量、资本折旧、自然资源折旧、教育支出和环境污染损失（这里主要指二氧化碳排放所导致的温室效应）。

本书中，对真实储蓄量的核算采用第二种方法，同时资本种类不包括自然资源折旧，即所核算的资本为总储蓄量、资本折旧、教育支出和环境污染损失。为什么本书所核算的资本不包含自然资源折旧？本书的 DSGE 模型中只存在一种化石能源（可再生能源是一种可再生流量资源，消耗后即可瞬时补充），化石能源折旧在真实储蓄量核算过程中属于被减部分。随着能源转型不断推进，化石能源折旧量随之降低，该被减部分也相应减少，在其他条件不变的情况下，真实储蓄量是会增加的。另外，在本书中考虑化石能源的折旧会使研究问题复杂化，在不考虑化石能源折旧的情况下，能源转型依然能够使真实储蓄量从一个时序递减的状态变为时序递增的状态，那么在考虑化石能源折旧的情形下，这个结论必然也成立。

总结而言，本 DSGE 模型中所核算的真实储蓄量包含总储蓄量、资本折旧、教育支出和环境污染损失等。此外，环境污染所造成的损失为 $LOSS = \Gamma(M_t)(\overline{FQ_t} + \overline{NQ_t})$。

二　参数校准与经济学含义

本节将结合已有研究和中国经济数据，确定本 DSGE 模型的各参数值。同时，这里所校准的参数值是基准值，后续分析中需改变一些参数的数值，正是基于它们的基准值和情景来设定的。

本 DSGE 模型中的中间产品部门所采用的生产函数为包含资本、劳动和能源三要素的柯布－道格拉斯函数形式，这里假定规模报酬不变，即三种要素的产出弹性之和为 1。基于中国 1952～2012 年的数据，同时将资本、劳动和能源三种要素纳入柯布－道格拉斯生产函数且也假定规模报酬不变，估算出 2012 年中国资本、劳动和能源的产出弹性分别为 0.366、0.120 和 0.514（蒲志仲等，2015）。在蒲志仲等（2015）一文中，同时估算出 1952～2012 年这三种要素的产出弹性分别为 0.566、0.016 和 0.418，然而这一估算的背景包含了中国的计划经济和市场经济两个时期，而本书所模拟的是当前市场经济背景下能源转型对中国经济的影响，因此本 DSGE 模型中投入要素产出弹性值的选取基于 2003～2012 年所估计的结果。基于几何效率递减的余额折旧法，中国的资本折旧率约为 9.6%（张军，2004）。

2018 年中国工业二氧化碳排放量预计为 93.88 亿吨，总能源消耗量预计为 31.04 亿吨油当量，化石能源占比约为 86.1%，故每吨化石能源能耗所排放的二氧化碳为 3.48 吨（IEA，2017）。依据中国第七次、第八次全国森林资源清查数据，2004～2008 年森林年吸收大气污染物为 0.32 亿吨，总碳储量为 78.11 亿吨，2009 年和 2013 年这两个值分别为 0.38 亿吨和 84.27 亿吨（国家林业局，2010，2014），2004～2008 年森林吸收大气污染物约为 0.44 亿吨。年总碳储量指标评价的是某一年中国森林植被所能吸收的二氧化碳总量，然而人类、动物的新陈代谢等均会产生二氧化碳，而且源自生命活动所产生的二氧化碳量更为巨大，因此难以估计整体意义上的自然环境的自净速度。本书采用一种近似的方式，即将自然环境对大气污染物的自净率作为自然环境的自净率。国家统计局公布的 2016 年工业废气排放量为 685.91 亿立方米，空气密度约为 1.29 千克/立方米，工业所污染的大气总量为 883.89 亿吨。当然，大气中主要成分为氮和氧，但受过工业污染的气体，其污染物所占比例会大幅上升至 6% ~ 10% （Silva, et al., 2017），本书取 8%，得出自然环境对大气污染物的自净率约为 6‰[①]。

　　居民部门中假设只存在一个无限生命期限的典型居民，为了贴近中国现实情况，考虑人力资本折旧。若将中国总人口群体视为一个典型居民，那么年老者的离去即可看作人力资本的折旧。中国 2016 年的平均寿命约为 76.34 岁，依据 2017 年中国人口与就业统计年鉴：70 ~ 74 岁人口占总人口的比重为 2.74%，75 ~ 79 岁人口占 1.94%，80 ~ 84 岁人口占 1.24%，85 岁及以上人口占 0.75%，考虑中国人的平均寿命，这里设置人力资本折旧为 0.05。基于加权的教育年限法（姚洋、崔静远，2015），计算出中国人口的加权教育年限为 10.06 年，结合中国 2016 年的平均寿命，估算出中国人平均学习时间占一生时间的比重为 13.2%。考虑到 2018 年中国人口的加权受教育年限要大于 2016 年的值，本书将该典型居民的学习时间设为 0.15（该典型居民一个生产周期的总时间标准化为 1）。消费在效用函数中的权重为 χ，其取值范围为 [0,1]；χ 的数值越接近于 1，说明消费给居民带来的效用越大，反之亦然。用 Θ 刻画教育的生产率，一般而言，随着学习时间的增加，人力资本附加的增幅将逐渐减少

---

① 2014 ~ 2018 年森林每年吸收大气污染物约为 0.44 亿吨，2016 年工业污染所产生的大气污染物约为 70.71 亿吨（883.89 × 0.08），那么自然环境的自净率约为 6‰（0.44/70.71）。

（即教育的边际收益一般也是递减的），故而它的取值范围也是
[0,1]。对这两个参数的校准，参照一般化研究（Torres，2014）：χ
取值为 0.4，Θ 取值为 0.8。

产出偏离系数 $\Gamma(M_t) = \epsilon_0 + \epsilon_1 M_t + \epsilon_2 M_t^2$，其与污染物存量密切
相关，理论上，污染物存量越大，实际产出偏离潜在产出的幅度越
大且增幅是非线性的。换言之，使用产出偏离系数 $\Gamma(M_t)$ 来刻画污
染物存量对生产率的影响，那么所设定的参数集 $\{\epsilon_0, \epsilon_1, \epsilon_2\}$ 应保证
实际污染物存量位于该函数的对称轴右侧，且该函数是一个开口向上
的二次函数形式。结合美国的污染物存量与经济数据，已有实证研究
（Annicchiarico and Di Dio，2015；Heutel，2012）表明该参数集的取值
为 $\epsilon_0 = 0.001395$，$\epsilon_1 = -0.00000667$，$\epsilon_2 = 0.0000000146$。从污染物排
放总量和经济总量角度来看，中国和美国具有很大的相似性，关于中
国此方面的实证研究匮乏，因此这里近似使用美国的实证研究结论。

环境治理可看作一个公共产品，这里简化为政府通过向居民部
门征税以治理中间产品部门所产生的污染物，即政府税收的唯一功
能是污染治理。2018 年 1 月 1 日，中华人民共和国环保税法正式生
效，在环保税未出台之前，已有学者利用 CGE 模型分析了环保税对
污染物减排的影响。征收环保税对经济总量的影响较弱，但对污染
物的减排效果显著。环保税法规定大气污染物的征税标准为 1.2 ~ 12
元/每污染当量，该标准下氨氮、二氧化硫和氮氧化物的总排放量分
别下降 0.00015、0.0014 和 0.0013（秦昌波等，2015）。2016 年这三种
污染物占比依次为 0.03、0.49 和 0.48，因此这里假定环保税的污染治
理效果为 0.0013。此外，环境污染也会对居民部门产生影响，特别是
新生污染物的增加对居民的影响更大。借鉴居民幸福感和污染物排放
的相关研究，结合中国综合社会调查项目（China General Social Sur-
vey）数据，发现污染物和温室气体每减排一单位，居民的幸福感会增

加 0.0086（黄永明、何凌云，2013）。与此同时，化石能源的单位能耗排放量为 3.48 吨二氧化碳，单位能耗将导致居民幸福感下降 0.03。显然，化石能源不止产生温室气体，因此单位能耗所产生的污染物和温室气体总量要大于 3.48 吨，所以这里的 0.03 是一个下限值。

总结而言，本 DSGE 模型所包含的相关参数、经济含义和参数值如表 7 - 1 所示。接下来，下一章将基于能源转型下的 DSGE 模型和已校准的参数值，来分析能源转型对中国经济可持续增长效应的影响。实证研究主要用 3 个章节来完成：第 8 章，能源转型对经济可持续性和经济增长的影响；第 9 章，外生参数变化对能源转型的经济可持续增长效应的影响；第 10 章，外部冲击对能源转型的经济可持续增长效应的影响差异。

表 7 - 1　DSGE 模型的相关参数校准

参数	定义	数值	文献
α	资本产出弹性	0.366	蒲志仲等（2015）
β	劳动产出弹性	0.120	
ρ	社会贴现率	0.03	刘昌义（2015）
δ_K	资本折旧率	0.096	蒲志仲等（2015）
δ_H	人力资本折旧	0.05	姚洋、崔静远（2015）
δ_M	自然环境的自净速度	0.006	Silva 等（2017）
LS	学习时间	0.15	依国家统计年鉴计算
χ	消费在效用函数所占权重	0.4	Torres（2014）
Θ	教育的生产率	0.8	
m	单位化石能耗的碳排放	3.48	IEA（2017）
ϵ_0		1.395×10^{-3}	Heutel（2012）
ϵ_1	产出偏离系数方程的参数	-6.67×10^{-6}	
ϵ_2		1.46×10^{-8}	
ϵ_T	环境税的污染治理效果	0.0013	秦昌波等（2015）
ϵ_E	环境污染对消费者效用的影响程度	0.03	黄永明、何凌云（2013）

第8章　能源转型对经济可持续性
和经济增长的影响

能源转型是一个过程，当前中国的能源转型进度为 14.2%，能源转型进度的年增加幅度为 0.6%①；换言之，能源转型进度按每年 0.6%的份额增加，这一进度增加值被设定为能源转型的基准速度。依据第 2 章中"相关概念"一节中对分岔线和实验组的设定，经济变量均衡值的轨迹在分岔线左侧是重合的，在分岔线右侧则发生了分岔。

本章包括三个方面的内容：第一方面，稳态变迁与经济可持续性的变动，探讨能源转型对经济可持续性的影响；第二方面，能源转型的经济增长效应；第三方面，能源转型下能源均衡价格的变动。为什么这里要单独探讨能源转型对能源均衡价格变动的影响？理论分析中"能源转型下的霍特林规则"部分发现，随着能源转型不断推进，能源价格会呈现一个先升后平的趋势。这里将基于 DSGE 模型分析能源转型下能源均衡价格的变动趋势，验证理论分析的正确性。另外，理论分析中也阐述了投入要素之间的替代（互补）关系变化与能源价格变化存在密切联系，这里将结合 DSGE 模型的模拟结果来进一步印证理论分析中的结论。

---

① 依据 IEA 的《世界能源展望 2020》，中国 2018 年化石能源比重约为 86.1%，到 2020 年该比重将下降至 84.9%，平均而言每年化石能源比重下降幅度约为 0.6 个百分点。

一 稳态变迁与经济可持续性的变动

理论分析表明，当能源转型推进到一定程度，经济发展会由不可持续状态向可持续状态变迁。考虑到真实储蓄量是国际上评判经济可持续性的通用指标（Hanley, et al., 2014），本节通过观察能源转型对真实储蓄量变动的影响，研究能源转型下经济可持续性的变动和经济发展状态的稳态变迁过程。

在操作上，首先，基于 DSGE 模型求解得到一个总能耗的均衡值；其次，以该均衡值为基准，根据中国实际总能耗的年增长速度[①]得到一系列数值，这些数值反映中国未来的总能耗变化；最后将这些数值放入 DSGE 模型中并保持其他条件不变，可计算出每一个总能耗下所对应的均衡真实储蓄量。遵循上述步骤，可计算出突破和未突破两种情形[②]下均衡的真实储蓄量和总能耗，这两个指标之间构成一一对应关系，最终结果如图 8 - 1 所示。在图 8 - 1，均衡真实储蓄量的轨迹线在分岔线右侧发生了分岔，能源转型分岔线已在图中标出。在分岔线左侧，能源转型逐渐逼近能源转型分岔点，两条轨迹线是重合的（实曲线表示）；在分岔线右侧，能源转型突破分岔点的轨迹线用实曲线表示，能源转型未突破分岔点的轨迹线用虚曲线表示。

接下来，在图 8 - 1 中取若干个点（如 A_1、A_2……），通过比较这些点所对应的均衡真实储蓄量，可研究能源转型对经济可持续性的影响，以及探讨经济发展状态的稳态变迁过程。

---

① 依据《世界能源展望 2020》，中国 2015 年总能耗为 3075 百万吨油当量，2019 年为 3230 百万吨油当量。这意味着中国 2016～2020 年的总能耗增长率约为 0.0125，即 $\sqrt[4]{3230/3075} - 1 \approx 0.0125(1.25\%)$。

② 关于两种情形的详细说明，见第二章中"相关概念"一节。

（一）分岔线左侧均衡真实储蓄量的变动

选取两个均衡点 A_1 和 A_2，其中 A_1 中所对应的纵坐标值为基准条件下所求解的均衡真实储蓄量，横坐标值表示均衡的总能耗。A_2 的坐标值具有类似于 A_1 的经济含义，区别在于总能耗和能源转型进度的数值增大了。

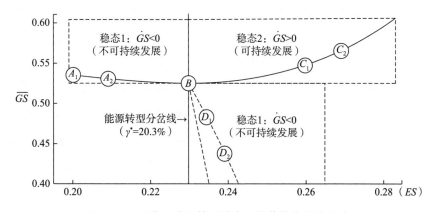

图 8 - 1　均衡下能源转型对真实储蓄量变动的影响

比较 A_1 和 A_2 发现，随着总能耗的增加和能源转型进度的推进，均衡真实储蓄量呈现一个下降趋势，即在分岔线左侧（能源转型抵达分岔点之前），均衡真实储蓄量随着时间的流逝而逐渐减少（$\dot{GS}<0$）。真实储蓄量衡量经济可持续性的潜力，时序上递减的真实储蓄量代表着未来人均消费会下降；换言之，能源转型在抵达分岔点之前，经济发展路径是不可持续的。为什么在分岔点之前中国经济发展路径不可持续呢？中国是目前能源消费最大的国家之一，同时可再生能源比重较低，能源转型进度的推进使得可再生能源比重不断增加，这将降低单位能耗所造成的环境污染和减少负外部性。与此同时，总能耗也在不断增加，即便单位能耗所造成的环境污染减少，但总能耗的增长也会使总污染量不降反增，最终导致更大的负外部性，

降低真实储蓄量。总结来看，能源转型提供了一个正驱动力，而日渐增加的总能耗提供了一个负驱动力，在能源转型未抵达分岔点之前，最终合力对自然环境的改善产生一个负效应，进而均衡真实储蓄量不断下降，经济发展不可持续。

（二）分岔线右侧均衡真实储蓄量的变动

能源转型抵达分岔点分为两种情形：突破情形和未突破情形。如图 8-1 所示，均衡点 B 即为均衡真实储蓄量变动轨迹上的分岔点，结合前文理论分析，能源转型的分岔点为 20.3%，其经济含义为分岔点前后，经济发展分别处于两种不同稳态中（稳态 1：不可持续发展；稳态 2：可持续发展）。能源转型抵达分岔点时对应着两种情形，突破情形意味着经济发展进入稳态 2，而未突破情形则表示经济发展仍处于稳态 1 中[①]。接下来，本节将探讨分岔线右侧两种情形下均衡真实储蓄量的变动。

1. 突破情形

在分岔线右侧的一条轨迹线（实曲线）上选取两个均衡点 C_1 和 C_2，同理这两个均衡点具有类似于 A_1 和 A_2 的含义。不过，此时能源转型已突破分岔点，同时总能耗进一步增加。比较 C_1 和 C_2，发现一个与之前相反的结论：随着总能耗的进一步增加，均衡真实储蓄量却呈现一个上升趋势，即在分岔点之后，均衡真实储蓄量随着时间而逐渐增加（ $\dot{GS} > 0$ ）。真实储蓄量在时序上递增，意味着经济发展具有保证未来人均消费不递减的潜力，这一条发展路径是可持续的。

为什么在能源转型突破分岔点之后，中国经济发展状态由不可持续转变为可持续呢？正如前文所言，能源转型过程提供了环境改

---

① 从稳态视角来看，能源转型未突破分岔点情形下经济系统所对应的稳态与能源转型未抵达分岔点情形下经济系统所对应的稳态是相同的，均为不可持续发展稳态。

善的一个正驱动力，而总能耗增加则提供了一个负驱动力，当能源转型突破分岔点时，正驱动力的影响开始大于负驱动力的影响，最终合力对自然环境改善产生一个正效应，进而真实储蓄量逐渐增加，经济发展变为可持续的。

2. 未突破情形

类似地，在分岔线右侧的另一条轨迹线（虚曲线）上选取两个均衡点 D_1 和 D_2，比较它们所对应的均衡真实储蓄量，发现随着总能耗的进一步增加，均衡真实储蓄量依旧保持一个下降趋势（$\dot{GS} < 0$），更重要的是，这种情形下的下降趋势变得更陡。更陡下降的真实储蓄量意味着未来人均消费不仅会减少，而且减少幅度很大。

为什么能源转型未突破分岔点时，均衡真实储蓄量陡降？在总能耗增长速度保持不变且不断增加的背景下，能源转型进度的停滞导致其所产生的正驱动力维持不变，但负驱动力依然不断增大，这一对驱动力的差距逐步扩大，最终合力对自然环境改善的负效应变得更大，均衡真实储蓄量必然大幅下降，经济不可持续性变得更强。

此外，当经济系统达到均衡时，主要经济变量分别存在各自的均衡值。这些主要经济变量包括要素价格、要素投入量、总产出、人均消费、储蓄以及污染物存量。这里需补充说明：图 8-1 中每一个均衡点的背后对应着一组主要经济变量的均衡值，真实储蓄量只是其中之一。表 8-1 中，列出了每一组主要经济变量的均衡值。

表 8-1 能源转型下主要经济变量的均衡值

稳态说明	稳态 1（未突破分岔点）		分岔点	稳态 2（突破分岔点）		稳态 1（未突破分岔点）	
均衡组	A_1 组	A_2 组	B 组	C_1 组	C_2 组	D_1 组	D_2 组
劳动量	0.1222	0.1220	0.1218	0.1215	0.1214	0.1218	0.1217
人力资本存量	0.5356	0.5351	0.5340	0.5328	0.5323	0.5339	0.5338
资本存量	0.1950	0.2027	0.2207	0.2490	0.2585	0.2197	0.2188

稳态说明	稳态 1（未突破分岔点）		分岔点	稳态 2（突破分岔点）		稳态 1（未突破分岔点）	
总能耗	0.2000	0.2092	0.2299	0.2598	0.2690	0.2345	0.2391
租金	0.3965	0.4037	0.4163	0.4253	0.4259	0.4247	0.4332
工资	3.9041	4.0613	4.4299	5.0111	5.2048	4.4113	4.3947
能源价格	0.5419	0.5483	0.5601	0.5714	0.5736	0.5577	0.5557
污染物存量	3195.6	3296.0	3470.9	3590.3	3594.6	3598.3	3677.6
总产出	2.2767	2.3696	2.5863	2.9241	3.0357	2.5795	2.5738
人均消费	1.2230	1.2792	1.4111	1.6190	1.6883	1.4045	1.3986
储蓄	0.8350	0.8709	0.9540	1.0812	1.1226	0.9539	0.9542
真实储蓄量	0.5349	0.5306	0.5251	0.5469	0.5652	0.4829	0.4375

利用基准值所求解的均衡组，即为 A_1 组。本书的居民部门只存在一个典型居民，那么消费即为人均消费。根据国家发改委发布的《2017 年中国居民消费发展报告》统计，2017 年中国最终消费支出达到 43.5 万亿元，占 GDP 的比重为 53.6%。本书依据校准参数所估计的总产出为 2.2767，消费为 1.2230，消费占总产出的比重为 53.7%。再者，依据世界银行数据库公布的 2016 年中国数据，真实储蓄量占总产出的比重约为 23.1%。本书所估计的真实储蓄量为 0.5349，占总产出的比重为 23.5%。不难发现，本书所估计的经济变量值与真实值相差不大，说明本书所模拟得到的数值具有现实含义，以此为基础进行相关分析，特别是数值间的比较分析，具有一定的经济学意义。

二 能源转型的经济增长效应

能源转型的经济增长效应可通过研究能源转型下主要经济变量均衡值的变动来实现，主要经济变量包括要素投入量及其价格、总产出、消费、储蓄等。类似于前文的分析逻辑，各经济变量均衡值的轨迹如图 8 - 2 所示。

图 8 - 2 中共包含 9 个子图，依次对应着可再生能源消费量、总产出、人均消费、污染物存量、环境污染造成的损失、劳动量、资本存量、租金和工资，同时每一个时点 t 下经济变量所对应的值均为均衡值①。分岔线用于标注能源转型抵达分岔点，实曲线表示突破情形下经济变量均衡值的轨迹，虚曲线表示未突破情形下的轨迹。在分岔线左侧，这两种情形的曲线重合，在分岔线右侧，重合的曲线发生了分岔。

子图 1 中，在分岔线左侧，可再生能源消费量随时间而逐渐增加。在分岔线右侧，突破情形下可再生能源消费量增幅逐渐加大，而在未突破情形下，可再生能源消费量虽不断增加，但年均增长幅度基本不变。这一模拟结果与两种情形不谋而合，能源转型突破分岔点意味着可再生能源占总能源的比重不断增加，可再生能源消费量增幅加大；而能源转型未突破分岔点，可再生能源占总能源的比重维持不变，随着总能耗的增加，可再生能源消费量依着当前所占比重增长，故增长速度不变。

子图 2 和子图 3 分别勾勒了总产出和人均消费的轨迹。在分岔线左侧，随着时间推移，总产出逐渐增大；在分岔线右侧，突破情形下总产出依旧保持增长势头且增长速度未明显下降。这一模拟结果与中国现实经济相吻合，中国经济目前保持一个中高速增长势头，能源转型有序推进使得这一过程不会遭受负面干扰。若能源转型在分岔点处停滞或者能源转型进度放缓，中国经济增长是否会遭受负面干扰呢？结合未突破情形下总产出的轨迹，发现总产出呈现下降的趋势。对这一结果的解释：中国经济中高速发展对总能源的需求

---

① 本书中若无特殊说明，所有经济变量的数值均为均衡值。为了保持语句简洁，"均衡"二字可能会被省略，例如能源价格即表示能源均衡价格。

量日益增加，一旦能源转型进度停滞或者放缓，化石能源使用所带来的负外部性会进一步增加，进而降低生产部门效率，使实际产出越发偏离潜在产出。人均消费与总产出存在强正相关关系，子图 3 和子图 2 的比较说明了这一观点。同时，基于人均消费的时序变动来判断经济可持续性，其结论与前文分析基本一致。

为什么在分岔线左侧，真实储蓄量在时序上递减，人均消费却在时序上递增？这一结论是否矛盾？真实储蓄量是反映可持续性潜力的重要指标，它包含人造资本净值（储蓄）、人力资本净值、自然资本净值和环境效应净值四个部分，中国总能耗不断增加且正处于能源转型初期（化石能源占比高），环境效应净值（衡量环境污染的负外部性）不断增加，环境效应净值的增长速度大于储蓄的增长速度，导致真实储蓄量在时序上递减[1]。人均消费来源于总产出，在分岔线左侧总产出保持增长势头，同时短期内人均消费占产出的比重变动不大，人均消费必然随之增加。因此，这两种情形在现实中会同时存在，并不矛盾。在本书中，为了统一结论，参见衡量经济可持续性的通用方法，即主要观察真实储蓄量的时序变化，进而认为在分岔线左侧经济是不可持续的。

子图 4 和子图 5 分别展示人造资本净值和环境效应净值的轨迹。由于本书所核算的真实储蓄量只包含人造资本净值、环境效应净值和人力资本净值，本书基于基准参数值所计算的人力资本净值[2]为

---

① 关于这一点在子图 4 和子图 5 中得到反映，起始时储蓄量为 0.8350，环境效应净值为 0.3377；分岔线处储蓄量为 0.9539，环境效应净值为 0.4712；经计算，这里可得到储蓄量的平均增速为 $\sqrt[13]{0.9539/0.8350} - 1 \approx 0.009(0.09\%)$，环境效应净值平均增速为 $\sqrt[13]{0.4712/0.3377} - 1 \approx 0.026(2.6\%)$。

② 人力资本净值等于人力资本附加乘以劳动量，由于该典型居民的学习时间固定，人力资本附加的参数条件也不随时间变化，故而人力资本附加不随时间变化。另外，依据中国国家统计局数据，自 1999 年以来人力资本净值占国民生产总值的比重一直为 1.79%。

0.0268，占总产出的比重为 1.2%，且该比重在时序上变化不大，这与现实经济情形基本吻合，故而真实储蓄量的变动将主要取决于人造资本净值和环境效应净值。在分岔线左侧，人造资本净值和环境效应净值均在时序上递增，且环境效应净值的增速更大，故而真实储蓄量在分岔线左侧呈现时序递减特征。在分岔线右侧，突破情形下人造资本净值的增速变化不大，但时序上环境效应净值的增速明显放缓，进而真实储蓄量在能源转型突破临界点之后呈现时序递增特征；在未突破情形下，人造资本净值的增速明显放缓，但环境效应净值陡增，导致真实储蓄量陡降。

子图 6 刻画了劳动量的轨迹。首先，无论在分岔线左侧还是右侧，劳动量均随着时间逐渐下降。同时总能耗随时间递增，这意味着能源要素投入量的增加挤出了部分劳动量，即能源要素与劳动要素之间互为替代关系。其次，劳动量的下降幅度在突破情形下明显更大，这说明能源转型有序推进（即能源转型突破分岔点）加强了能源要素与劳动要素之间的替代关系。

为什么能源要素与劳动要素互为替代，突破情形下两种投入要素的替代关系为何增强？劳动力可为生产过程提供动力，这一职能与能源要素的职能相重叠，随着能源投入量不断增加，它将挤出一部分劳动力（这些劳动力本来为生产过程提供动力）。在突破情形下，能源转型不断推进，可再生能源占比不断增加，相比于化石能源，可再生能源是一种更为高效的能源，在同等条件下，能源投入量的增加将挤出更多劳动力，因此这种情形下的劳动量下降更快，两者的替代关系加强。

子图 7 刻画了资本存量的轨迹。不同于劳动量的轨迹，在分岔线左侧，资本存量在时序上递增；在分岔线右侧，突破情形下资本存量递增的速度加快（斜率逐渐变大），在未突破情形下资本存量却呈现在时序上递减的特征。基于资本存量的时序变动特征，这里有以下发现：第一，能源转型在未抵达分岔点时，能源要素与资本要素是一对互补要素；第二，能源转型有序推进（即能源转型突破分岔点），这种互补关系加强，但能源转型停滞或放缓，这种互补关系逆转为替代关系。

为什么能源要素与资本要素是互补关系，突破情形下两者关系加强但未突破情形下两者关系却逆转？诸如机器设备等是资本存量的重要组成部分，这类资本的运转离不开动力，这两种要素是一对互补要素。在突破情形下，可再生能源比重不断增加，从总能源效率视角来看，总能耗的增加促使资本存量更快地增加①。相反，未突破情形下可再生能源比重维持不变，总能源效率相对下降，随着总能耗的增加，资本存量缓慢下降。总结而言，突破情形下随着能源转型的推进，能源效率相对提高，能源要素与资本要素的互补关系不断加强；而未突破情形下由于能源转型进度停滞，能源效率相对下降，两者关系由互补关系逆转为替代关系。

子图 8 和子图 9 分别展示了租金和工资的轨迹。首先，在分岔线左侧，租金和工资的价格均随时间递增。随着总产出不断增加，租金和工资必然随之上涨。其次，在分岔线右侧，租金的价格在未突破情形下陡增。结合子图 7 可见，未突破情形下资本存量逐渐下降，资本变得相对稀缺，进而推动资本价格（租金）快速上涨。类似地，子图 6 中显示在突破情形下劳动量下降幅度更大，劳动力变得相对稀缺，进而促使工资快速上涨。

总结而言，主要经济变量均衡值的轨迹在能源转型分岔点处也会发生分岔。结合上一节的经济可持续性分析，得到如下结论。

---

① 可再生能源是一种比化石能源更高效的能源，随着能源转型不断推进，可再生能源占比不断增加。如果将总能源视作一种包含可再生能源和化石能源的复合能源，那么"突破"情形下，总能源效率变得更高。同等条件下，高效的总能源需要更多的资本存量匹配，因此推进能源转型将促使资本存量快速增加。

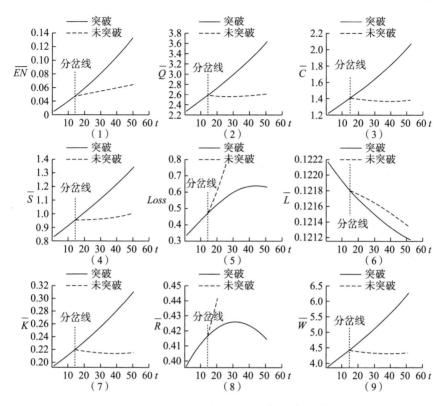

图 8 - 2　两种情形下主要经济变量均衡值的变动

（1）能源转型抵达分岔点之前，随着能源转型不断推进，经济增长势头保持良好，经济发展却是不可持续的，不过这种不可持续性逐渐减弱。此外，依据总产出、人均消费和储蓄等反映经济增长的指标的变动趋势，发现能源转型会促进经济增长。

（2）能源转型抵达分岔点之后，各经济变量面临两种轨迹。若能源转型突破分岔点，经济系统依旧保持良好的增长势头，经济发展状态将由不可持续转变为可持续。若能源转型未突破分岔点，经济增长将遭受负面影响，总产出、人均消费和储蓄均不同程度下降，更糟的是，经济发展的不可持续性变得更强。

三　能源转型下能源均衡价格的变动

在不考虑能源转型的背景下，根据霍特林规则，能源价格将依社会贴现率的速度递增；在考虑能源转型的背景下，能源价格将不再按社会贴现率增加，随着能源转型不断推进，能源价格会呈现一个先升后平的趋势，这一结论是基于理论分析推导而来的。接下来，这里将基于 DSGE 模型探讨能源转型对能源均衡价格变动的影响，进一步验证理论分析的结论。本节分为两个部分：第一，能源转型下能源均衡价格的变动；第二，能源均衡价格变动对投入要素关系的影响。

（一）能源转型下能源均衡价格的变动

能源转型下能源价格的均衡值同样可借助 DSGE 模型计算得到，它的轨迹如图 8 - 3 所示。类似地，突破情形和未突破情形下均对应一条能源价格变动轨迹，两条轨迹线在分岔线的左侧是重合的，分岔线的右侧实曲线对应着突破情形，虚曲线对应着未突破情形。补充说明，由于未突破情形下能源转型在分岔线的右侧是停滞的，故图 8 - 3 中虚曲线的经济含义是不存在能源转型时能源价格的变动趋势。

结合图 8 - 3，本书发现以下两点。

首先，在分岔线左侧能源转型按着基准速度推进，能源价格不断增加但增幅逐渐减小。这一发现与理论分析的结论相一致，可再生能源是一种可再生流量资源，该资源具有一个重要特征：一旦被消耗，就能立刻得到补充且总存量不变。随着能源转型不断推进，可再生能源比重不断增加，依据霍特林规则，由于这类能源的存量不会发生变化，因此它的价格不变。能源价格可看作可再生能源和

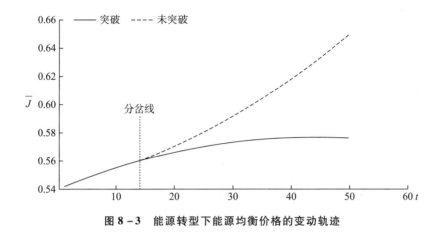

图 8 - 3　能源转型下能源均衡价格的变动轨迹

化石能源的复合价格，可再生能源价格维持不变且可再生能源比重逐渐增加，那么能源价格的增幅必然减小。

其次，在分岔线右侧，突破情形下能源价格增幅进一步减小，但未突破情形下能源价格以一个更快的速度增加。遵循同样的逻辑，当能源转型突破分岔点时，可再生能源比重进一步增加，增大了复合价格中可再生能源价格的比重，最终导致能源价格增幅进一步缩小。当能源转型未能突破分岔点时，可再生能源比重维持不变，但化石能源价格不断增加，进而导致能源价格以一个更快的速度上升。

（二）能源均衡价格变动对投入要素关系的影响

在理论分析部分，能源要素与资本、劳动要素的替代（互补）关系变化与能源价格变化存在密切联系。具体而言，若能源价格的变化趋势遵循 "A + ②" 型，即对应着图 8 - 3 中突破情形（能源价格的轨迹在分岔线右侧逐渐趋于水平），这种情形下能源要素与资本（劳动）要素的关系增强；若能源价格的变化趋势遵循 "A + ③" 型，即对应着图 8 - 3 中的未突破情形（在分岔线右侧能源价格轨迹变得更为陡峭），那么能源要素与资本（劳动）要素的关系减弱。

结合图 8 – 2 的子图 6 和子图 7 发现，能源转型未抵达分岔点时，劳动要素与能源要素是一对替代要素，资本要素与能源要素是一对互补要素[①]。在突破情形下，劳动要素与能源要素的替代关系增强，资本要素与能源要素的互补关系也增强。在未突破情形下，劳动要素与能源要素的替代关系减弱，资本要素与能源要素的互补关系减弱并最终逆转为替代关系。

对以上研究进行概括，本节主要结论如下。第一，能源转型下经济可持续性会在分岔点两侧呈现两种不同特征，经济发展状态在该点发生稳态变迁。第二，能源转型抵达分岔点之前，经济增长得以保持但经济发展是不可持续的。若能源转型能够突破分岔点，那么经济增长的同时经济发展变为可持续的；若未能突破分岔点，则经济增长变为经济衰退，经济发展的不可持续性变得更强。第三，能源转型下能源价格会呈现一个先升后平的趋势，同时能源转型下能源要素与资本、劳动之间的关系也会发生改变。

四　小结

本章利用包含真实储蓄量的 DSGE 模型，量化研究了能源转型的经济可持续增长效应。经济可持续增长效应包含经济增长效应和经济可持续性效应两个方面，前者可借助要素投入量及其价格、总产出、人均消费和储蓄等经济变量来反映；后者则通过真实储蓄量来体现。

[①]　为什么模拟分析中，投入要素之间的关系是确定的？理论分析中各参数的数值是任意的，只要参数设置具有合理性，那么基于这个参数的设定值来研究经济问题便是有价值的。再者，由于参数可以取任意值，因此理论分析能够研究投入要素关系变化的各种可能情况。不同于理论分析，模拟分析中各参数是基于现实经济校准得到的，因此它所得到的结论只是理论分析众多结论中的一种情况，投入要素之间的关系也是确定的。

本章主要结论如下。

（1）真实储蓄量的变动轨迹在能源转型分岔点右侧发生分岔，能源转型抵达分岔点之前，随着能源转型推进，经济增长得以保持但经济发展不具有可持续性。能源转型抵达分岔点之后，若能源转型突破分岔点，经济增长势头保持良好的同时，经济发展变为可持续的；若未能突破分岔点，则经济增长停滞且经济发展的不可持续变得更强。

（2）能源转型下，能源均衡价格呈现一个先升后平的变化趋势，这一点与理论分析中的霍特林规则相符。再者，能源转型也改变了投入要素之间的关系。具体而言，能源转型未抵达分岔点时，劳动要素与能源要素是一对替代要素，资本要素与能源要素是一对互补要素。在突破情形下，劳动要素与能源要素的替代关系增强，资本要素与能源要素的互补关系也增强；在未突破情形下，劳动要素与能源要素的替代关系减弱，资本要素与能源要素的互补关系减弱并最终逆转为替代关系。

第9章 外生参数变化对能源转型的经济可持续增长效应的影响

　　本章共包括三个部分：第一部分，能源转型速度①变动的影响；第二部分，总能耗增长率的变动；第三部分，单位能耗污染强度的变动。在操作上，依据所研究的具体对象，分梯度地适当调整基准值并分别将它们代入 DSGE 模型，以观察某一参数值变化对能源转型的经济可持续增长效应的影响，同样包括经济可持续性和经济增长两个方面的影响。

　　保持其他参数不变，当某一参数发生变动时，能源转型的经济可持续增长效应会发生何种变化？这里主要研究能源转型速度、总能耗增长率和单位能耗污染强度三个参数，分析这三个参数变动对能源转型的经济可持续增长效应的影响，不仅验证了第 6 章中的命题 6 - 2 和命题 6 - 4，而且具有很强的现实意义：首先，该研究有助于厘清这些参数是如何影响这一效应，包括影响方向和影响程度；其次，这些参数是可观测且可调控的，政府可通过相应政策来调控这些参数以获得正向影响。

---

① 能源转型速度是指能源转型进度的变化率，一般用年变化率表示。例如，中国 2018 年的化石能源比重约为 86.1%，到 2020 年该比重将下降到 84.9%，年变化率为 0.6%；对应地，86.1% 和 84.9% 表示能源转型进度，0.6% 表示能源转型速度。

一　能源转型速度变动的影响

在现实经济中，政府相关政策的变化会加快或延缓能源转型速度，能源转型速度的变动会对能源转型的经济可持续增长效应产生何种影响？理论分析中命题 6 – 2 表明：能源转型速度的加快将促使能源转型的分岔点更早到来，而能源转型速度减缓则会延缓分岔点的到来。接下来，实证分析中不仅要验证这一命题，同时还要具体分析能源转型进度变动对能源转型的经济可持续增长效应的影响。

结合模拟分析结果，本书对能源转型速度的变动做如下设定。在能源转型加快情景下，分别相对基准值增速 2%、4% 和 6%；在能源转型放缓情景下，分别相对基准值减速 2%、5% 和 8%。然后，将这些调整值分别代入 DSGE 模型并保持其他参数不变，得到各经济变量的均衡值。下文将分别分析能源转型速度变动对经济可持续性的影响和对经济增长的影响，前者通过真实储蓄量来反映，后者通过总产出、要素投入量及其价格等变量来反映。

（一）对经济可持续性的影响

经济可持续性可通过真实储蓄量的变动来反映，在时序上真实储蓄量非减意味着经济具有可持续性。当真实储蓄量在时序上非减时，增长幅度越大，意味着经济可持续性越强，反之，经济可持续性越弱。类似地，当真实储蓄量在时序上递减时，下降幅度越大，代表经济不可持续性越强，反之，经济不可持续性越弱。

如图 9 – 1 所示，横坐标表示时间，横坐标表示真实储蓄量，实曲线对应着突破情形，虚曲线对应着未突破情形。图 9 – 1 共包含六个子图，上面三个子图分别对应着能源转型减速情景，如基准减速 2% 意味着能源转型速度变为 0.588%，下面三个子图分别对应着能源转型增速

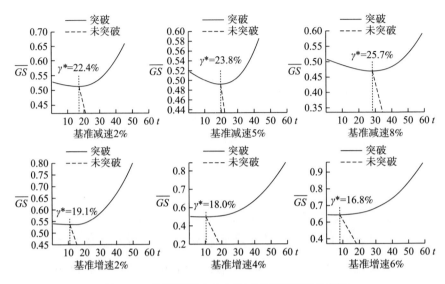

图 9 - 1 能源转型速度变动对真实储蓄量的影响

情景，如基准增速 2% 意味着能源转型速度变为 0.612%[①]。在每个子图中，竖着的虚直线表示能源转型的分岔线，在分岔线的上方均标注了当前参数值下能源转型的分岔点。

比较能源转型放缓情景下的三个子图，发现以下两点。

首先，无论哪一个子图，分岔线左侧的真实储蓄量均呈时序递减特征，意味着经济发展在分岔线左侧是不可持续的。更重要的是，随着能源转型放缓，真实储蓄量的绝对值依次减小；最左侧的真实储蓄量依次为 0.528、0.518 和 0.508，分岔线位置处真实储蓄量依次为 0.513、0.492 和 0.469，三种子情景下平均变化率为 0.170%、0.303% 和 0.471%[②]，这意味着经济不可持续性随着能源转型不断放缓而逐渐增强。

---

① 基准值为 0.6%，减速 2% 对应速度为 0.6% × 0.98 = 0.588%，减速 5% 和 8% 分别对应着 0.57% 和 0.552%；类似地，增速 4% 和 6% 分别对应着 0.624% 和 0.636%。

② 以基准减速为 2% 情景为例，最左侧点的真实储蓄量为 0.528，分岔线位置为 0.513，同时分岔线所处时点为 17，这种情景下平均变化率为 $\sqrt[17]{0.528/0.513} - 1 \approx 0.170\%$。

同样，在分岔线右侧，若能源转型能够突破分岔点，真实储蓄量均表现出时序递增特征，这意味着经济发展变为可持续的；若能源转型未突破分岔点，则经济发展依然不可持续。此外，随着能源转型不断放缓，突破情形下经济可持续性逐渐减弱，未突破情形下经济不可持续性逐渐增强。

其次，随着能源转型不断放缓，能源转型分岔线逐步右移。分岔线右移，即对应着一个更大的分岔点，使能源转型左侧不可持续发展的持续时间变得更长。依据图 9 - 1 发现，能源转型放缓三种子情景下，分岔点依次为 22.4%、23.8% 和 25.7%。

接下来，比较能源转型加快情景下的三个子图，发现以下两点。

首先，在三个子图中，分岔线左侧的真实储蓄量也表现出时序递减特征，但这种递减趋势随着能源转型加快而逐渐减弱。经计算，真实储蓄量的平均变化率分别为 0.982‰、0.621‰ 和 0.389‰。在分岔线右侧，随着能源转型不断提速，突破情形下经济可持续性逐渐增强，未突破情形下经济不可持续性逐渐减弱。

其次，若能源转型不断提速，则分岔线逐渐左移，三种子情景下能源转型的分岔点依次为 19.1%、18.0% 和 16.8%，这暗示随着能源转型的不断加快，能源转型左侧不可持续发展的时间会变短。

本节结论与命题 6 - 2 相一致，总结而言，能源转型在抵达分岔点之前，经济发展是不可持续的，能源转型一旦突破分岔点，这种不可持续发展就变为可持续发展。若能源转型减速，不可持续性会进一步加强，同时也会导致分岔线右移，不可持续发展状态所持续的时间相应延长。相反，若能源转型提速，那么分岔线左侧的不可持续性会减弱，且不可持续发展状态的持续时间会大幅减少。

（二）对经济增长的影响

前文中已研究了能源转型会对经济增长产生正向影响，特别是突破分岔点之后，经济增长势头更为强劲。这一结论是基准值下的模拟结果，若能源转型速度加快或减缓，能源转型又会对经济增长产生何种影响？

结合本节的模拟分析结果，发现总产出、消费和储蓄在图像上具有一定的相似性，这一点从图9-2中也可以看出。为保持简洁，这里只分析总产出和要素投入量及其价格，以探讨能源转型速度加快或减缓对经济增长的影响。需注意，经济增长可通过总产出的变动来直观反映，关于要素投入量及其价格变动的分析主要是为了说明能源转型速度的变动是如何影响总产出的变动。这种影响的内在逻辑是，能源转型速度的变动会对投入要素进行重新配置并改变要素价格，这种影响会传导至总产出，导致总产出发生变动。

能源转型放缓和加快两种情景下对总产出的影响如图9-2所示，类似地，图9-2中上行三个子图对应着能源转型放缓的情景，下行三个子图则对应着能源转型加快的情景。

首先，分析能源转型放缓情景下的影响，发现以下两点。

第一，在能源转型放缓的情景下，分岔线左侧总产出时序递增的趋势并未改变。该情景下三个子图最左侧的总产出依次为2.246、2.199和2.156，分岔线位置处的总产出依次为2.618、2.625和2.654①，三种子情景下的平均变化率依次为9.078‰、8.901‰和8.690‰，这表明总产出上涨速度略微下降。换言之，能源转型放缓降低了总产出的增速。

第二，当能源转型抵达分岔线，突破情形下总产出增速变化不大。然而，在未突破情形下，总产出不再保持时序递增趋势。随着

---

① 为什么随着能源转型逐渐放缓，分岔线位置处的总产出略微增加？由于能源转型放缓会右移分岔线，进而能源转型抵达分岔线的时间会更久，在总产出持续增加的背景下，更右侧的分岔线处必然对应着更高的产出。

能源转型不断放缓，总产出的递减趋势逐渐增强。在未突破情形下，能源转型在分岔线处停滞，这种停滞的后果是消极的，它会抑制经济增长。

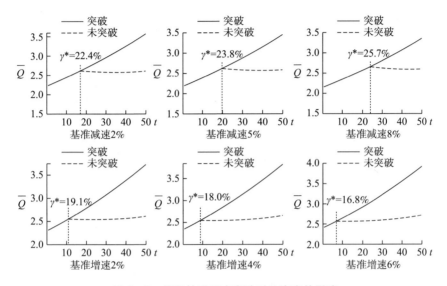

图 9 - 2 能源转型速度变动对总产出的影响

其次，探讨能源转型加快情景下的影响，研究表明：第一，无论是在分岔线左侧还是分岔线右侧（包括突破情形和未突破情形），总产出的时序趋势均是递增的。第二，在分岔线左侧，加快能源转型会使总产出以一个更快的速度增加，能源转型加快的三个子情景下总产出的平均变化率依次为 9.132‰、1.127% 和 1.160%（即能源转型速度越快，总产出上涨幅度越大）。第三，在未突破情形下，即便能源转型在分岔点处停滞，总产出依旧可保持一个时序递增趋势。

接下来，下文将研究能源转型速度的变动对要素投入量及其价格的影响。能源转型放缓和加快两种情景下对劳动量及价格的影响如图 9 - 3 所示，其中，第一行和第二行中的六个子图对应着能源转型放缓的情景，第三行和第四行中的六个子图则对应着能源转型加快的情景。结合图 9 - 3 和相关计算结果，得到如下结论。

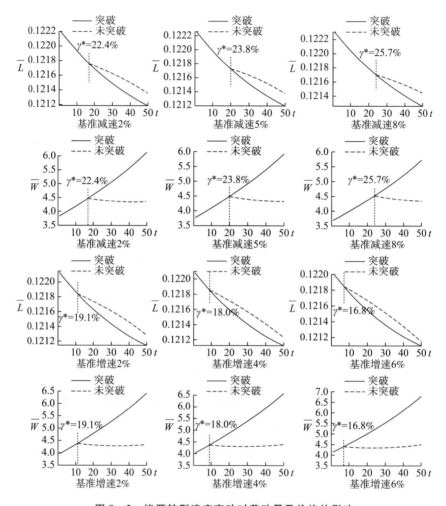

图 9 - 3　能源转型速度变动对劳动量及价格的影响

在能源转型放缓情景下，结合最左侧和分岔线处的劳动量数值，可计算三种子情景在分岔线左侧（基准减速 2%、5% 和 8%）所对应的劳动量平均变化率依次为 0.209‰、0.208‰和 0.204‰。随着能源转型不断放缓，能源转型对劳动量的挤出效应变小（能源转型放缓使能源效率的提升幅度变小，能源要素与劳动要素互为替代要素，当其他条件不变时，更低效率的能源必然挤出更少的劳动量）。

类似分析能源转型加快情景的影响，可计算三种子情景在分岔线左侧（基准增速 2%、4% 和 6%）所对应的劳动量平均变化率依次为 0.210‰、0.228‰ 和 0.268‰，表明：随着能源转型不断加快，能源转型对劳动量的挤出效应变大。此外，在分岔线右侧的突破和未突破情形下，能源转型加快同样使挤出效应变大，即能源转型加快会促进能源要素替代更多的劳动量（能源转型加快使能源效率以一个更大的幅度提升，能源要素与劳动要素互为替代要素，当其他条件不变时，更高效率的能源必然挤出更多的劳动量）。

随着能源转型进度的变动，工资也相应改变。在能源转型放缓的三种子情景中，在分岔线左侧，工资均呈现上涨特征且平均变化率依次为 8.997‰、8.816‰ 和 8.603‰。这表明随着能源转型不断放缓，工资以一个逐渐变小的速度增加。类似分析能源转型加快的三种子情景，在分岔线左侧，工资也呈现上涨特征但平均变化率逐渐提高，依次为 9.049‰、1.008% 和 1.081%，即随着能源转型不断加快，工资以一个逐渐加大的速度增加。

为什么能源转型放缓会减慢工资上涨，而能源转型加快则会加速工资上涨呢？要素价格的变动过程中会遭遇两种力量：第一种力量是来自边际报酬递减规律的力量，第二种力量是总产出变动所产生的压力。无论哪一种情景，劳动量均随着能源转型的推进而逐渐下降。不过，在能源转型加快的情景下，劳动量以一个更快的速度下降，劳动量变得相对稀缺，根据边际报酬递减规律，工资面临一个更大的上升压力。结合图 9-2，能源转型加快使总产出的上涨速度更快，这两种力量对工资上涨均产生正激励，最终能源转型加快情景下的工资以一个相对更大的速度上涨。

类似地，探讨能源转型速度变动对资本存量和租金变动的影响，这里不再给出它们的图像。无论能源转型减缓或加快，资本存量均呈现时序递增趋势。在能源转型减缓的三种子情景中，最左侧的资本存量依次为 0.192、0.188 和 0.185，分岔线处的资本存量依次为 0.223、0.224 和 0.226，资本存量的平均变化率为 8.786‰、8.605‰和 8.400‰，说明能源转型放缓使资本存量的上涨速度下降。同理，在能源转型加快的三种子情景中，资本存量的平均变化率依次为 8.837‰、9.875‰和 1.132%，说明加快能源转型会促进资本存量快速上升。此外，能源转型速度的变动对租金变动的影响也有类似的结论。

总结而言，能源转型速度的变动会改变总产出的上涨速度。能源转型减缓，总产出上涨速度随之减慢；能源转型加快，则使总产出以一个更快的速度上涨。

二　总能耗增长率的变动

经济发展与总能耗密切相关，在保持其他条件不变的前提下，总能耗以一个固定的增长率不断增加。然而，若国家出台相关政策刺激节能技术的发展，总能耗的增长率可能下降；反之，总能耗的增长率也可能上升。依据《世界能源展望 2020》，中国 2015 年总能耗为 3075 百万吨油当量，2019 年上升至 3230 百万吨油当量，总能耗增长率约为 1.25%。此外，IEA 也预测下一个五年里，中国的总能耗增长率约为 2.0%。显然，结合现实经济数据，中国的总能耗增长率面临上升的压力。

若总能耗增长率变大，它会对能源转型的经济可持续增长效应产生何种影响？同样，若政府通过政策工具刺激节能技术的发展，降低总能耗增长率，又会产生一个怎样的后果？

围绕着这一问题，本书选择 2016～2020 年的总能耗增长率 1.25% 为基准增长率，将模拟情景分为基准增长率下降和基准增长率上升两种情景，分别模拟这两种情景下总能耗增长率变动对能源转型的经济可持续增长效应的影响。类似上文分析，每一种情景又包含三个子情景。对基准增长率下降情景而言，它分为基准增长率下降1%、2%和3%三个子情景（后续图例中，分别简化为基准下降1%、2%和3%）；对基准增长率上升情景而言，它分为基准增长率上升2%、5%和8%三个子情景（后续图例中，分别简化为基准上升2%、5%和8%）。为什么下降情景下增长率的变动幅度设置得更小？现实经济中总能耗增长率呈现上升趋势，这种趋势已影响到经济系统中的各项指标，与此同时，本书模型又是基于这些现实经济数据对相关参数进行校准的，这里使用校准后的模型来分析增长率下降的情景（这种情景是相对异常情景），相关经济变量变动对参数的变化更为敏感。

　　同样，下文将通过分析真实储蓄量的变动来探讨总能耗增长率变动对经济可持续性的影响，通过总产出、要素投入量及其价格的变动来研究总能耗增长率变动对经济增长的影响。

（一）对经济可持续性的影响

　　如图9-4所示，横坐标表示时间，纵坐标表示真实储蓄量，实曲线对应着突破情形，虚曲线对应着未突破情形。图9-4共包含六个子图，上面三个子图分别对应着总能耗增长率下降情景，如基准下降2%意味着总能耗增长率变为1.225%；下面三个子图分别对应着总能耗增长率上升情景，如基准上升2%意味着总能耗增长率变为1.275%[①]。在每个子图中，竖着的虚直线表示能源转型的分岔线，

在分岔线的上方均标注了当前参数值下能源转型的分岔点。

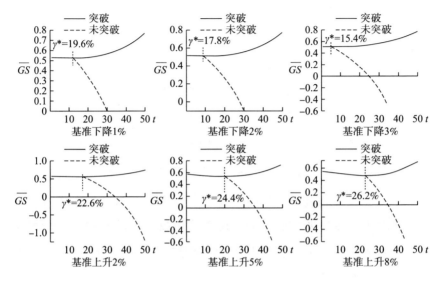

图 9-4 总能耗增长率变动对真实储蓄量的影响

首先，探讨总能耗增长率下降情景，三个子情景依次为减慢1%、2%和3%。在分岔线左侧，随着总能耗增长率不断下降，真实储蓄量下降幅度逐渐变小。结合计算结果，三种子情景下最左侧位置的真实储蓄量依次为0.528、0.518和0.508，分岔线位置处的真实储蓄量依次为0.522、0.515和0.508，真实储蓄量的下降速度依次为0.949‰、0.527‰和0.103‰。这一结果说明，随着总能耗增长率的下降，分岔线左侧的真实储蓄量递减趋势逐渐减弱；换言之，在分岔线左侧经济发展是不可持续的，但总能耗增长率的下降将有助于减弱这种不可持续性。类似地，在突破情形下，总能耗增长率的下降会加强真实储蓄量的递增趋势，即总能耗增长率的下降有助于经济可持续性的加强。

总能耗增长率下降情景下的第二个发现：随着总能耗增长率的下降，能源转型分岔线会逐渐左移（对应的分岔点也相应左移），分岔点的左移意味着当前中国由经济不可持续发展转变为经济可持续发展所需的时间缩短。为什么总能耗增长率的下降会导致分岔点的左移呢？当能源转型进度和总能耗增长率均以各自的基准值变化时，源自能源转型的环境质量改善和源自总能耗增加的环境质量恶化两者之间的较量，使真实储蓄量的均衡值变动呈现一个既定的趋势。若只有总能耗增长率相对基准值变小了，则源自总能耗增加的环境质量恶化的程度会相对降低，但源自能源转型的环境质量改善的力量保持不变，最终分岔线左移。

其次，研究总能耗增长率上升情景，三个子情景依次为加快 2%、5% 和 8%。在分岔线左侧，随着总能耗增长率不断上升，真实储蓄量的下降幅度逐渐增大。结合计算结果，三种子情景下最左侧位置的真实储蓄量依次为 0.545、0.552 和 0.567，分岔线位置处的真实储蓄量依次为 0.524、0.519 和 0.513，真实储蓄量的变化率依次为 2.000‰、3.138‰ 和 4.374‰。这一发现表明：在分岔线左侧经济发展同样是不可持续的，但更高的总能耗增长率会加强这种不可持续性。类似地，更高的总能耗增长率也会使经济的可持续性减弱。

总能耗增长率上升情景下的第二个发现：随着总能耗增长率的上升，能源转型分岔点会逐渐右移（对应的分岔点也相应右移），分岔点的右移意味着当前中国由经济不可持续发展转变为经济可持续发展所需的时间延长了。与上文类似，若只有总能耗增长率相对基准值变大了，则源自总能耗增加的环境质量恶化的程度相对升高，但源自能源转型的环境质量改善的力量保持不变，最终分岔线右移。

总结而言，当经济发展处于不可持续路径上，总能耗增长率的下降有助于弱化不可持续性，而总能耗增长率的上升则会增强这种不可持续性。当经济发展处于可持续路径上，总能耗增长率的下降有助于强化可持续性，而总能耗增长率的上升则会弱化这种可持续性。此外，总能耗增长率下降，能源转型的分岔线左移，中国经济由不可持续发展转变为可持续发展的时间缩减，总能耗增长率上升，则中国经济不可持续发展的时间延长。

（二） 对经济增长的影响

总能耗增长率对经济增长的分析包含两个部分：首先，研究总能耗增长率变动对总产出变动会产生何种影响；其次，结合总能耗增长率变动对要素投入量及其价格变动影响的分析，解释总产出变动的内在原因。

总能耗增长率下降和上升两种情景下对总产出的影响如图 9 - 5 所示，类似地，图 9 - 5 中上行三个子图对应着总能耗增长率下降的情景，下行三个子图则对应着总能耗增长率上升的情景。

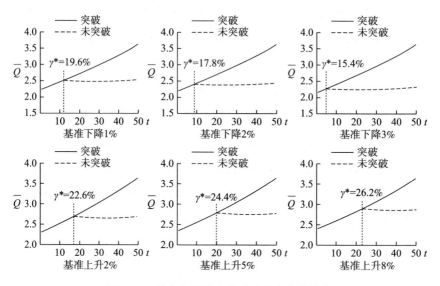

图 9 - 5 总能耗增长率变动对总产出的影响

首先，比较总能耗增长率下降情景和总能耗增长率上升情景下的总产出，前者三个子情景下最左侧位置处的总产出依次为 2.246、2.199 和 2.156，后者则依次为 2.311、2.354 和 2.420。显然，相比于上升情景，下降情景下的总产出更小。这一点不难理解，保持其他条件不变，总能耗增长率下降必然对应着总能耗量的下降，进而降低总产出。换言之，降低总能耗增长率，将导致总产出的下降。

其次，下降情景中的三个子情景在分岔线处的总产出依次为 2.509、2.392 和 2.298，可计算这三种子情景下总产出增长率依次为 9.293‰、9.395‰和 1.284%。结合上一段的结论，虽然总能耗增长率下降使得总产出的绝对量下降了，但总产出的增长率上升了。类似地，上升情景中的三个子情景在分岔线处的总产出依次为 2.688、2.793 和 2.917，可计算这三种子情景下总产出增长率依次为 8.925‰、8.588‰和 8.161‰。显然，总能耗增长率上升虽使得总产出的绝对量增加，但总产出的增长率下降了。

为什么总能耗增长率上升会降低总产出的增长率，总能耗增长率下降则会提升总产出的增长率？首先，更高的总能耗增长率对应着更大的总能耗量，它对总产出的增加产生正的直接影响。同时，总能耗增长加快暗示着能源转型进度相对变缓，这使得污染物存量变大，进而使环境污染对生产的影响变大，这会对总产出的增加产生一个负的间接影响。当总能耗增长率相对变小时，正的直接影响要大于负的间接影响，进而总产出的增长率相对变大。随着总能耗增长率逐渐提高，负的间接影响不断增大，导致总产出的增长率下降。再者，总能耗增长率的变动之所以影响总产出的增长率，存在另外一个重要原因：总能耗增长率的变动重新配置了要素投入量并影响了要素价格。

接下来，本书将探讨总能耗增长率的变动对要素投入量及其价格变动的影响。同样，这里只刻画总能耗增长率变化下的劳动和工资的变动图，如图 9 - 6 所示。其中，第一行和第二行中的六个子图对应着总能耗增长率下降的情景，第三行和第四行中的六个子图则对应着总能耗增长率上升的情景。

比较图 9 - 6 中的各个子图，发现以下三点。

（1）观察最左侧位置处的劳动量，在总能耗增长率下降 1%、

2% 和 3% 三种子情景中，该值依次为 0.12219、0.12225 和 0.12230
（逐渐增大）；在总能耗增长率上升 2%、5% 和 8% 三种情景中，该
值依次为 0.12212、0.12207 和 0.12201（逐渐减小）。这表明随着总
能耗增长率不断上升，劳动量会逐渐减少。

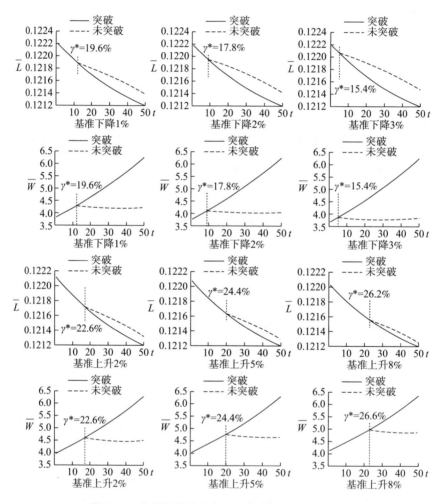

图 9-6 总能耗增长率变动对劳动量及价格的影响

（2）在总能耗增长率下降情景下，可计算三种子情景（基准下降
1%、2% 和 3%）在分岔线左侧的劳动量平均变化率依次为 0.217‰、

0.226‰和0.272‰，即随着总能耗增长率不断下降，其对劳动的挤出效应逐渐增强。类似地，可计算总能耗增长率上升的三种子情景在分岔线左侧的劳动量平均变化率依次为0.223‰、0.192‰和0.179‰，即随着总能耗增长率不断上升，其对劳动的挤出效应逐渐减弱。能源与劳动互为替代要素，故总能耗的增加会挤出一部分劳动量，但这种挤出程度会随着总能耗的增长而逐渐下降。相对基准总能耗增长率而言，总能耗增长率上升，意味着同一时点总能耗绝对量会相对变大，更大的总能耗必然对应着一个更小的劳动挤出量。

（3）总能耗增长率的变动也改变了工资。无论总能耗增长率是下降还是上升，工资均表现出上涨特征。不过，随着总能耗增长率上升，工资上涨的速度会逐渐减慢。例如，在分岔线左侧，总能耗增长率下降的三种子情景下工资的平均变化率依次为9.218‰、9.327‰和1.096%（逐渐增大），总能耗增长率上升的三种子情景下工资平均变化率依次为8.835‰、8.481‰和8.039‰（逐渐减小）。

最后，考虑总能耗增长率变动对资本存量和租金变动的影响。无论总能耗增长率下降还是上升，资本存量均呈现时序递增趋势。随着总能耗增长率上升，资本存量上涨的速度逐渐减慢。例如，总能耗增长率下降三种子情景下资本存量的平均变化率为8.998‰、9.099‰和1.068%（逐渐增大），总能耗增长率上升三种子情景下资本存量的平均变化率依次为8.631‰、8.288‰和7.857‰（逐渐减小）。此外，能源转型进度的变化对租金变化的影响也有着类似的结论。

结合上述发现，当总能耗增长率上升时，其对劳动的挤出效应逐渐减弱，工资上涨的速度逐渐减慢，同时资本存量增长率随之下降，租金增长率逐渐下降，进而使总产出的上涨速度相应放缓。而当总能耗增长率下降时，其对劳动的挤出效应逐渐增强，工资上涨的速度逐渐加快，同时资本存量增长率随之上升，租金增长率也逐渐上升，这使总产出的上涨速度也相应加快。

三 单位能耗污染强度的变动

单位能耗污染强度是指每单位化石能源使用过程中所释放的污染物量，这里主要指碳排放量。总能源包含化石能源和可再生能源，当单位能耗污染强度不变且总能耗量恒定时，随着能源转型的推进，总能源使用所释放的污染物量将不断下降。前文已分析能源转型进度和总能耗增长率的变动对经济可持续性和经济增长的影响，接下来，改变单位能耗污染强度以分析这种变动对能源转型的经济可持续性增长效应的影响。

一方面，政府通过加强监督来刺激生产部门使用环境处理装置，可降低单位能耗污染强度，污染强度的下降将怎样影响能源转型的经济可持续增长效应？另一方面，若政府放松监督则可能导致单位能耗污染强度的上升，污染强度的上升又会造成什么影响？

单位能耗污染强度的基准值为 3.48，这里将单位能耗污染强度的变动分为基准污染强度下降和基准污染强度上升两种情景，分别模拟这两种情景对能源转型的经济可持续增长效应的影响。类似地，每一种情景又包含三个子情景。对基准污染强度下降情景而言，它分为基准污染强度下降 1%、1.5% 和 2% 三个子情景（后续图例中，分别简化为基准下降 1%、1.5% 和 2%）；对基准污染强度上升情景而言，它分为基准污染强度上升 1%、3% 和 5% 三个子情景（后续图例中，分别简化为基准上升 1%、3% 和 5%）。

类似地，下文将通过分析真实储蓄量的变动来探讨总能耗增长率变动对经济可持续性的影响，通过总产出、要素投入量及其价格的变动来研究总能耗增长率变动对经济增长的影响。

（一）对经济可持续性的影响

如图 9 - 7 所示，横坐标表示时间，纵坐标表示真实储蓄量，实曲线对应着突破情形，虚曲线对应着未突破情形。图 9 - 7 共包含六个子图，上面三个子图分别对应着单位能耗污染强度下降情景，如基准下降 1% 意味着污染强度变为 3.445（3.48 × 0.99 ≈ 3.445）；下面三个子图分别对应着污染强度上升情景，如基准上升 1% 意味着污染强度变为 3.515（3.48 × 1.01 ≈ 3.515）。每个子图中，竖着的虚直线表示能源转型的分岔线，在分岔线的上方均标注了当前参数值下能源转型的分岔点。

结合图 9 - 7 和相关计算，发现以下几点。

（1）当单位能耗污染强度下降时，三种子情景下最左侧位置处的真实储蓄量依次为 0.563、0.589 和 0.615，分岔线位置处的真实储蓄量依次为 0.557、0.586 和 0.614。这里得到两个结论：第一，比较三种子情景下最左侧处的数值，发现随着单位能耗污染强度的下降，真实储蓄量绝对量逐渐变大；第二，对比每一个子情景中最左侧处和分岔线处的值，真实储蓄量呈现递减趋势，即在分岔线左侧经济发展是不可持续的。进一步计算，分岔线左侧真实储蓄量的变化率依次为 0.923‰、0.523‰ 和 0.137‰（变化率逐渐减小），表示真实储蓄量的下降趋势逐渐放缓。总结来看，当经济发展不可持续时，随着单位能耗污染强度的下降，这种不可持续性会逐渐减弱。类似地，当能源转型突破分岔点后，经济转变为可持续发展，随着单位能耗污染强度的下降，可持续性变得更强。

再者，随着单位能耗污染强度的下降，能源转型分岔线会逐渐左移，即对应的分岔点逐渐变小，更小的分岔点意味着中国当前不可持续发展的时间变短。为什么降低单位能耗污染强度会面临一个

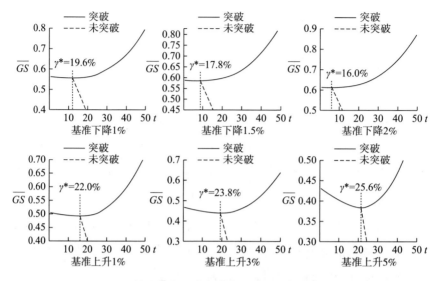

图 9 - 7 单位能耗污染强度变动对真实储蓄量的影响

更小的分岔点呢？若单位能耗污染强度下降，那么总能耗所带来的负外部性会相对减少，真实储蓄量的递减趋势会变得更为平坦，保持其他条件不变，能源转型只需要推进到一个相对更小的程度，便足以使真实储蓄量的时序趋势由递减变为递增，这会最终导致分岔点左移。

（2）当单位能耗污染强度上升时，三种子情景下最左侧位置处的真实储蓄量依次为 0.507、0.467 和 0.430，分岔线位置处的真实储蓄量依次为 0.493、0.439 和 0.384。这里同样得到两个结论：第一，比较三种子情景下最左侧处的数值，发现随着单位能耗污染强度的上升，真实储蓄量绝对量逐渐减小；第二，对比每一个子情景中最左侧处和分岔线处的值，真实储蓄量呈现递减趋势，即在分岔线左侧经济发展不可持续。进一步计算，分岔线左侧真实储蓄量的变化率依次为 1.768‰、3.266‰ 和 5.245‰（变化率逐渐增大），表示真实储蓄量的下降趋势逐渐增强了。总结来看，当经济发展不可持续时，随着单位能耗污染强度的上升，这种不可持续性会逐渐加强。类似地，当能源转型突破分岔点后，经济转变为可持续发展，但随着单位能耗污染强度的上升，可持续性弱化了。

另外，随着单位能耗污染强度的上升，能源转型分岔线会逐渐右移，即对应的分岔点逐渐变大，更大的分岔点意味着中国当前不可持续发展的时间变长。同样，若单位能耗污染强度上升，那么总能耗所带来的负外部性会相对增大，真实储蓄量的递减趋势会变得更为陡峭，保持其他条件不变，能源转型需要推进到一个相对更高的程度以使真实储蓄量的时序趋势由递减变为递增，这会最终导致分岔点右移。

总结而言，若经济发展处于不可持续路径上，单位能耗污染强度下降有助于弱化不可持续性，而单位能耗污染强度上升会增强不可持续性。若经济发展处于可持续路径上，单位能耗污染强度下降有助于强化可持续性，而单位能耗污染强度上升将弱化可持续性。此外，更小的单位能耗污染强度，将使能源转型的分岔线左移，继而缩短中国实现可持续发展的时间；反之，则会延长中国向可持续发展状态转变的时间。这一结论与理论分析中的命题 6 - 4 相一致。

（二）对经济增长的影响

单位能耗污染强度变动对经济增长的影响，可通过分析总产出的变动来说明。理论上，随着单位能耗污染强度的下降，总产出（实际产出）会逼近潜在产出，进而总产出会增大；反之，总产出则会缩小，这一点将在本小节中验证。再者，单位能耗污染强度的变化也将改变总产出增长率，本小节也将具体分析这种污染强度变动怎样改变总产出增长率。最后，通过探讨单位能耗污染强度变动对要素投入量及其价格变动的影响，解释为什么总产出会随着单位能耗污染强度的变动而发生变化。

单位能耗污染强度下降和上升两种情景下对总产出的影响如图

9-8 所示，类似地，图 9-8 中上行三个子图对应着单位能耗污染强度下降的情景，下行三个子图则对应着单位能耗污染强度上升的情景。

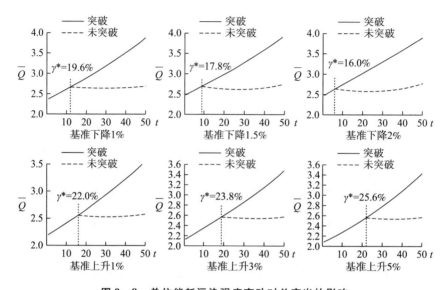

图 9-8　单位能耗污染强度变动对总产出的影响

基于图 9-8，可得到如下结论。

（1）单位能耗污染强度下降的三种子情景下，最左侧处的总产出值依次为 2.356、2.420 和 2.488（逐渐增大），即随着单位能耗污染强度的下降，总产出相应增大。对比每一个子情景下分岔线位置处的总产出值（依次为 2.618、2.635 和 2.656），发现分岔线位置处的总产出值大于最左侧处的总产出值，即总产出是时序递增的。经计算，三种子情景下总产出的增长率依次为 8.208‰、9.501‰和 1.094%（逐渐递增），即随着单位能耗污染强度的下降，总产出的增长率逐渐增大。

（2）单位能耗污染强度上升的三种子情景下，最左侧处的总产出值依次为 2.200、2.133 和 2.087（逐渐减小），即随着单位能耗污染强度的上升，总产出相应减少。对比每一个子情景下分岔线位置处的总产出值，发现总产出也是时序递增的。经计算，三种子情景下总产出的增长率依次为 9.448‰、9.191‰和 8.943‰（逐渐递减），即随着单位能耗污染强度的上升，总产出的增长率下降。

类似分析，在能源转型分岔线右侧，在突破情形下，相比于单位能耗污染强度上升的情形，单位能耗污染强度下降情形下总产出增长更为强劲。未突破情形下，总产出均呈现弱增长，且单位能耗污染强度下降情形下的增长更为明显。

接下来，通过研究单位能耗污染强度变动对要素投入量及其价格变动的影响，来解释总产出的变动。同样，这里只刻画单位能耗污染强度变动下劳动量和工资的变动，如图 9 - 9 所示。其中，第一行和第二行中的六个子图对应着单位能耗污染强度下降的情景，第三行和第四行中的六个子图则对应着单位能耗污染强度上升的情景。

首先，结合图 9 - 9 中第一行和第三行 6 个子图，比较两种情景下劳动投入量的变化率，同样以能源转型分岔线左侧为例。单位能耗污染强度下降的三种子情景下，最左侧处的劳动量依次为 0.12219、0.12225 和 0.12230，分岔线位置处的数值依次为 0.12218、0.12200 和 0.12214；经计算，劳动投入量的变动率依次为 0.217‰、0.225‰和 0.268‰（逐渐增大）。类似地，单位能耗污染强度上升的三种子情景下，劳动投入量的变动率依次为 0.226‰、0.194‰和 0.181‰（逐渐减小）。这一发现表明更小的单位能耗污染强度使能源要素对劳动要素的挤出效应变大，而更大的单位能耗污染强度则使这种挤出效应变小。

其次，结合图 9 - 9 中第二行和第四行 6 个子图，比较两种情景下工资的变化率。单位能耗污染强度下降的三种子情景下，最左侧处的工资依次为 4.050、4.168 和 4.293，分岔线位置处的数值依次为 4.495、4.534 和 4.579。经计算，工资的变动率依次为 8.724‰、9.383‰和 1.079%（逐渐增大）。同样，单位能耗污染强度上升的三种子情景下，工资的变动率依次为 9.385‰、9.151‰和 8.921‰

（逐渐减小）。总结而言，随着单位能耗强度的降低，能源要素对劳动要素的挤出效应更强，同时工资以一个更快的速度上涨；反之，随着单位能耗强度的上升，这种挤出效应会减小，工资以一个相对较慢的速度上涨。

最后，考虑单位能耗污染强度变动对资本存量和租金变动的影响。

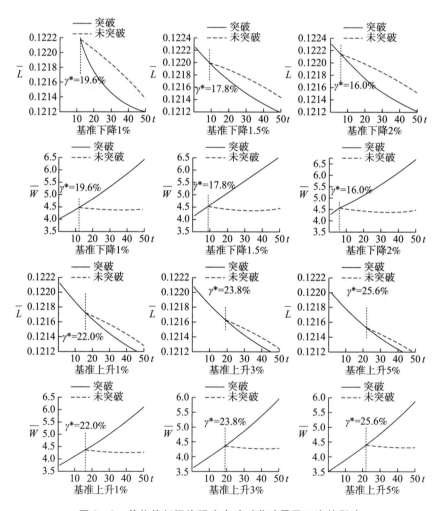

图9-9 单位能耗污染强度变动对劳动量及工资的影响

无论单位能耗污染强度上升还是下降情景，资本存量均呈现时序递增趋势。单位能耗污染强度下降三种子情景下资本存量的平均变化率为 8.505‰、9.130‰ 和 1.048%（逐渐增大），单位能耗污染强度上升三种子情景下平均变化率依次为 9.180‰、8.964‰ 和 8.753‰（逐渐减小）。换言之，随着单位能耗污染强度的下降，资本存量会以一个更快的速度增长；而单位能耗污染强度的上升，则使资本存量以一个较慢的速度增长。此外，单位能耗污染强度的变化对租金变化的影响也有着类似的结论。

总结而言，当单位能耗污染强度下降时，能源要素对劳动的挤出效应增强，工资上涨的速度变得更快，同时资本存量和租金的增长率相应上升（资本与能源是一对互补要素），进而使总产出以一个更快的速度上涨。相反，当单位能耗污染强度上升时，能源要素对劳动的挤出效应减弱，工资上涨的速度减慢，同时资本存量和租金的增长率相应下降，导致总产出以一个相对较慢的速度上涨。

四　小结

本章主要结论有如下三点。

首先，放缓能源转型速度，一方面会导致总产出的增长率下降，使当前中国经济的不可持续性进一步加强；另一方面，会导致分岔线右移，使不可持续发展的时间相应延长。相反，加快能源转型速度，不仅增大了总产出增长率，同时减弱了经济不可持续性，更促使分岔线左移，不可持续发展的持续时间相应缩短。

其次，降低总能耗增长率，有助于弱化经济不可持续性和提高总产出增长率，同时使能源转型分岔线左移，缩短当前中国不可持续发展的时间。相对地，提高总能耗增长率，则有利于强化经济不可持续性和降低总产出增长率，同时使能源转型分岔线右移，延长当前中国不可持续发展的时间。

最后，单位能耗污染强度下降，将减弱经济不可持续性和保障总产出以一个更快的速度上涨，也会使能源转型分岔线左移，缩短当前中国不可持续发展的时间。单位能耗污染强度上升，则会加强经济不可持续性和导致总产出以一个相对较慢的速度上涨，另外，还将使能源转型分岔线右移，使当前中国不可持续发展的时间延长。

以上分析假定经济运行不遭受冲击，接下来将放宽这一假定，即在能源转型背景下探讨冲击对经济可持续增长效应的影响。

第10章　外部冲击对能源转型经济可持续增长效应的影响差异

本章将回答一个重要问题：在能源转型背景下，外部冲击对能源转型的经济可持续增长效应的影响是否在稳态变迁前后存在差异？理论上，由于能源转型分岔点两侧（对应着能源转型稳态变迁的前后）所对应的经济结构有所不同①，当外部冲击发生时，经济系统的应激反应必然存在差异，因此外部冲击对能源转型的经济可持续增长效应的影响在分岔点两侧也必然不同。

正如前文所言，经济运行可能遭受外部冲击，这里放宽假定，同时分别在能源转型分岔点前后各取一个能源转型进度值，能源转型进度分别选取 14.2% 和 26.2%，以 14.2% 代表稳态变迁前，26.2% 代表稳态变迁后。为什么选取这两个点？当前能源转型进度为 14.2%，故能源转型分岔点左侧的情形取值为 14.2%；能源转型分岔点为 20.3%，这意味着分岔点右侧的情形可取任意大于 20.3% 的数值，这里取 26.2%②。保持其他条件不变，将这两个能源转型

---

① 不同的能源转型进度，意味着可再生能源和化石能源的比重发生变化，这种变化促使经济结构发生改变。能源转型分岔点是经济发展由不可持续转变为可持续的阈值点，因此分岔点前后的经济结构必然发生巨大变化，否则经济发展不可能发生质变。

② 这里也验证了能源转型分岔点两侧的其他能源转型进度取值，各经济变量数值的变动虽然发生变化，但对比分析时并未改变基本结论。

进度值代入 DSGE 模型，可分别研究经济系统应对冲击的反应，观察各经济变量的均衡值变动。

需注意，依据本 DSGE 模型可分析每一个能源转型进度下冲击对各经济变量均衡值变动的影响，再通过两两比较的方式，可分析不同能源转型进度下外部冲击对经济可持续增长效应的影响差异。不过，这种分析不仅烦琐，而且无明显经济学含义。事实上，这里更值得关注的是稳态变迁前后的差异，即分岔点左侧外部冲击对能源转型的经济可持续增长效应的影响是否与分岔点右侧的外部冲击影响存在明显差异。

再者，经济运行过程中可能遭受外部冲击，导致各经济变量偏离其均衡值。一般而言，经济系统所遭受的冲击可分为两类，即永久性冲击和短暂性冲击。前者会导致各经济变量逐渐偏离原均衡值，并最终趋于新的均衡值；后者则只会导致各经济变量偏离原均衡值，但随着时间推移和冲击影响程度的减弱，它们会最终回到原均衡值。本节主要分析技术进步冲击和税收冲击的影响，现实经济中技术进步是一个缓慢过程且永久存在。我们将初始技术进步标准化为 1，最终技术进步标准化为 1.2，标准差为 0.01。税收冲击则与之相反，起始时刻税收冲击达到最大，随着环境质量的改善，税收冲击逐渐减弱。在模型化分析中，税收冲击的初始值以税收均衡值为基础上浮 50%，最终冲击回归均衡值，标准差为 0.01。此外，技术冲击属于永久性冲击，它会使经济变量从原均衡值变化为新均衡值，因此图像方面将展示各经济变量均衡值的具体变化；税收冲击属于短暂性冲击，经济变量最终会回到原均衡值，因此图像方面将展示各经济变量相对原均衡值的相对百分比变化。

同样，经济可持续性通过真实储蓄量来反映，经济增长则依据要素投入量及其价格、总产出、消费和储蓄等经济变量来反映。本节分为两个部分：第一部分，技术冲击的影响差异；第二部分，税收冲击的影响差异。

一 技术冲击的影响差异

技术冲击使经济变量从原均衡值变化为新均衡值①，新均衡值相对于原均衡值的变化幅度直观地反映技术冲击的影响力，变化幅度越大意味着技术冲击的影响力越强。为了分析稳态变迁前后技术冲击对能源转型的经济可持续增长效应的影响差异，这里需比较各经济变量均衡值的变化幅度在分岔点两侧的差异。

保持其他条件不变，可分别计算出能源转型进度 14.2% 和 26.2% 下各经济变量的数值，如图 10-1 所示。图 10-1 中共包括 9 个子图，子图的纵坐标分别为劳动量、资本存量、租金、工资、总产出、人均消费、储蓄、真实储蓄量和真实储蓄量的平均变化率，横坐标表示时间。在每一个子图中，实线表示能源转型进度为 14.2% 下的轨迹线，虚线表示能源转型进度为 26.2% 下的轨迹线。

通过比较每一个子图中的两种轨迹线，可分析能源转型下技术冲击对能源转型的经济可持续增长效应的影响差异。具体而言，这里将基于子图 1 至子图 7 来分析技术冲击对经济增长的影响，基于子图 8 和子图 9 来探讨技术冲击对可持续性的影响。

在要素投入方面，当能源转型进度为 26.2% 时（稳态变迁后），技术冲击会导致劳动量减少和资本存量增加，同时也会导致要素投入量以一个相对更快的速度变化。技术冲击为什么在稳态变迁后对要素投入量变动的影响更大？

未发生技术冲击时，稳态变迁之后，环境污染对生产部门的负

---

① 技术冲击之所以能够改变均衡值，其内在逻辑在于：技术冲击发生时，潜在产出相应增加，这种潜在产出增加是永久性的，故而经济变量的均衡值被改变。

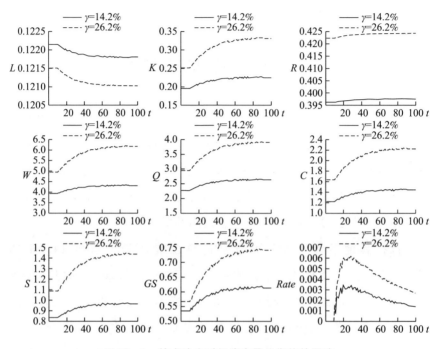

图 10 - 1   技术冲击对经济变量均衡值的影响

面影响逐渐减弱，生产效率明显提升，实际产出逼近潜在产出；当技术冲击发生时，技术进步促使潜在产出增加，实际产出也进一步增加，这种变化促使生产部门对资本的需求量增加，进而资本存量增加。未发生技术冲击时，劳动要素与能源要素互为替代，能源转型突破分岔点意味着一个更高的能源转型进度，可再生能源比重增加使能源变得更为高效，进而挤出更多的劳动投入量。当技术冲击发生时，实际产出的增加刺激更多能源要素投入，最终导致劳动量以更大比例下降。此外，比较新原均衡值（新均衡值和原均衡值），稳态变迁之前，资本存量的新均衡值相对原均衡值上涨 15.6%，劳动量则下降 0.28%；稳态变迁之后，资本存量上涨 32.3%，劳动量下降 0.39%。在同等技术冲击下，资本存量的新原均衡值的变化幅度远大于劳动量的变化幅度。

在要素价格方面，当能源转型进度为 26.2% 时（稳态变迁后），技术冲击会导致工资以一个更快速度上涨，但租金的变化幅度与能源转型进度为 14.2% 时（稳态变迁前）的租金变化幅度相近。为什么技术冲击对租金的影响在稳态变迁前后无明显差异，但技术冲击对工资的影响在稳态变迁后更强？

无论稳态变迁前后，技术冲击下资本存量均不同程度地增加，依据边际报酬递减规律，租金遭受一个下降的驱动力，与此同时，技术冲击下总产出也大幅增加，总产出的增加刺激各要素价格相应上涨，这又使租金遭受一个上涨的驱动力。两种驱动力相互作用，使租金价格变动不大。不同于资本，技术冲击使劳动量不同程度地下降，且在稳态变迁之后的影响更大，工资面临一个上涨压力。与此同时，技术冲击下总产出的增加（能源转型右侧的总产出增幅更大）也推动工资上涨，两种力量是同向的，这促使工资出现显著增长且在稳态变迁之后的增幅更大。

结合子图 5 至子图 7，稳态变迁之后，技术冲击促使总产出、人均消费和储蓄均以较快的速度增长，最终这三个新均衡值分别相对其原均衡值上涨了 32.3%、36.2% 和 32.2%（稳态变迁之前，对应值分别为 15.6%、18.1% 和 15.5%）。稳态变迁之后对应着更高的可再生能源比重，环境污染的影响相对减弱，这使实际产出更接近潜在产出在同等技术冲击下，稳态变迁后的实际产出必然更大。随着总产出的增加，人均消费和储蓄均相应增加。

结合子图 8 和子图 9，技术冲击发生后，稳态变迁之后真实储蓄量的上涨速度更快，新均衡值相对原均值上涨了 30.8%（稳态变迁前，对应值为 14.8%）。子图 9 中的纵坐标表示真实储蓄量的平均变化率，观察平均变化率的轨迹，发现在稳态变迁之后对应的轨迹线的振幅更宽，更宽的振幅代表着真实储蓄量以更快的速度递增，可持续性相应增强。换言之，在稳态变迁之后，同等强度的技术冲击使经济发展的可持续性变得更强。

　　总结而言，稳态变迁前后，技术冲击对能源转型的经济可持续增长效应的影响的确存在明显差异。首先，技术冲击加大了经济增长的潜力，同时增强了经济可持续性。其次，相比于稳态变迁之前，稳态变迁之后技术冲击对能源转型的经济可持续增长效应的影响程度更高。

二　税收冲击的影响差异

　　税收冲击被视为一种短暂性冲击，它会使经济变量偏离均衡值，这种偏离程度越高，意味着该经济变量越容易受到税收冲击的影响。经济变量的变化可反映经济增长和可持续性的变动，要素投入量及其价格、总产出、人均消费和储蓄等经济变量的变化可反映经济增长的变动，真实储蓄量的变化则可反映可持续性的变动。

　　保持其他条件不变，可分别计算出能源转型进度 14.2% 和 26.2% 下各经济变量受税收冲击后的波动值（任意时点值相对于均衡值的偏离程度），如图 10-2 所示。图 10-2 中共包括 9 个子图，子图的纵坐标分别为劳动量、资本存量、租金、工资、总产出、人均消费、储蓄、环境污染所造成的损失和真实储蓄量，横坐标表示时间。每一个子图中，实线表示能源转型进度为 14.2% 时的轨迹线，虚线表示能源转型进度为 26.2% 时的轨迹线。

　　通过比较每一个子图中的两种轨迹线，可分析稳态变迁前后税收冲击对能源转型的经济可持续性的影响差异。具体而言，这里将基于子图 1 至子图 7 分析税收冲击对经济增长效应在稳态变迁前后的影响差异，基于子图 8 和子图 9 探讨税收冲击对可持续性效应在稳态变迁前后的影响差异。

　　本节发现以下结论。

　　稳态变迁之后的经济增长比稳态变迁之前更为稳定，在同等强度的税收冲击下，稳态变迁之后经济变量的波动性更小。具体而言，要素投入量及其价格、总产出、人均消费和储蓄均在稳态变迁之前（能源转型进度为 14.2%）呈现更大幅度的波动，而在稳态变迁之后（能源转型进度为 26.2%）则呈现一个相对较小的波动。这一发现表明推进能源转型特别是经济发展状态实现稳态变迁有助于减少税收冲击对经济增长的负面影响。

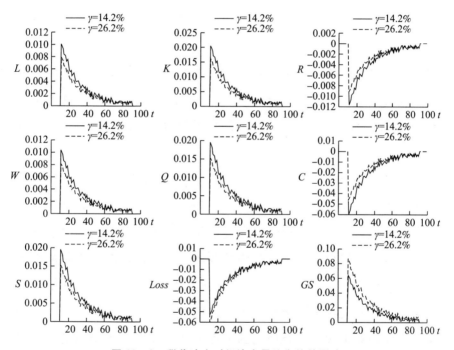

图 10-2　税收冲击对经济变量均衡值的影响

　　当税收冲击发生时，稳态变迁之后的真实储蓄量偏离其均衡值的程度更大，且这一偏离是正向的。稳态变迁后（能源转型进度为 26.2%）真实储蓄量的最大偏离度为 9%，而稳态变迁前（能源转型进度为 14.2%）真实储蓄量的最大偏离度为 6%。更大的正向偏离度意味着税收冲击使真实储蓄量变得更大，经济可持续性增强。

为什么真实储蓄量在稳态变迁之后受到的正向影响更强？结合子图8不难发现，税收冲击使稳态变迁后的环境治理效果更为明显（能源转型进度为26.2%时，最大污染损失下降的幅度可达6%；能源转型进度为14.2%时，最大污染损失下降幅度只为5%），这导致真实储蓄量在稳态变迁后的增幅更大。

税收冲击下，消费遭受一个负向冲击，劳动量、资本存量、产出和储蓄均遭受一个正向冲击。税收的增加必然会缩小居民部门的可支配收入，进而降低消费。政府提高税收的目的在于治理环境污染，随着环境质量改善，实际产出逼近潜在产出，进而提高了总产出增加了对要素的需求量。需注意，总产出的增加也提高了居民部门的可支配收入，也会刺激消费增长，但这种正向的间接刺激小于税收增加所带来的直接刺激，因此税收冲击对消费的影响是负向的①。

此外，租金也遭受一个负向冲击，但工资则遭受一个正向冲击，不过二者的最大偏离度均较小（只有1%左右）。为什么租金遭受一个负向冲击？子图2显示资本存量遭受一个正向冲击，依据边际报酬递减规律，租金遭受一个下降的驱动力，与此同时，税收冲击下总产出相应增加（如子图5所示），总产出的增加刺激各要素价格相应上涨，这又使得租金遭受一个上涨的驱动力。对租金而言，由于资本存量相对更大，租金面临的上涨驱动力要弱于下降驱动力，因此租金呈现负向波动。类似地，由于劳动量相对较小，工资面临的上涨驱动力强于下降驱动力，因此工资呈现正向波动。

总结而言，稳态变迁前后，税收冲击对经济可持续增长效应的

---

① 这一点可结合子图5至子图7来说明，以稳态变迁之前为例，税收冲击使总产出增加，增幅为2%，储蓄增幅约为1.8%，但消费降幅则达到6%。虽然税收冲击使总产出增加，但征税本身对消费的挤出效应更强，最终税收冲击发生时，消费下降。

影响也存在明显差异。首先，税收冲击引发了经济增长过程中的波动，也影响了经济可持续性。其次，在稳态变迁之后，技术冲击下经济增长更为稳定，此时税收冲击对经济可持续性的正向影响更强。

三　小结

本章主要结论如下。

稳态变迁前后，技术冲击对经济可持续增长效应的影响的确存在明显差异。首先，技术冲击加大了经济增长的潜力，同时增强了经济可持续性。其次，相比于稳态变迁之前，稳态变迁之后技术冲击的影响程度更高。

稳态变迁前后，税收冲击对经济可持续增长效应的影响也存在明显差异。首先，税收冲击引发了经济增长过程中的波动，也影响了经济可持续性。其次，稳态变迁之后，税收冲击下的经济增长更为稳定，此时税收冲击对经济可持续性的正向影响更强。

第11章　结论、政策启示与展望

能源转型是一个热点问题。一方面，党的十九大报告指出，建设美丽新中国，构建清洁低碳、安全高效的能源体系。这意味着中国的能源体系需从高耗能、高污染的传统化石能源占优转变为高效率、清洁的可再生能源占优。另一方面，巴黎气候变化大会通过了《巴黎协定》，该协定将整个人类社会团结成一个命运共同体，中国政府已充分担当起"负责任大国"的角色，为本国设定了能源结构调整和碳减排目标。能源结构调整目标为2030年非化石能源占一次能源消费比重达到20%左右；碳减排目标为2030年前后二氧化碳排放量达到峰值并争取尽早达峰，单位GDP二氧化碳排放比2005年下降60%~65%。

能源转型是一个长期过程，因此能源转型对经济系统的影响也将是长期的。当前关于能源转型过程对经济系统影响的研究依然停留在定性阶段，定性分析存在不足：国家调整或设计相关政策需要量化能源转型过程对经济系统所造成的影响，定性研究缺乏相应的量化分析能力。为弥补这一不足，需探索能够量化能源转型对经济系统影响的理论和方法。具体而言，本书包含三个核心问题。

首先，在能源转型过程中化石能源将被可再生能源逐步取代，可再生能源比重相应增加，这一过程中能源要素与劳动、资本要素的关系是否会发生改变？本书从理论分析层面探讨能源要素与劳动、资本要素之间的替代（互补）关系在能源转型过程中的变动，解释了为什么能源转型会对经济系统产生影响。

其次，理论上能源转型过程中存在一个特殊点，本书称为"分岔点"。能源转型过程中的分岔点包含两个方面的含义：一方面，经济可持续性在分岔点前后发生了质变；另一方面，能源转型进度抵达分岔点时，经济变量的均衡路径发生了分岔。能源转型的分岔点具有很强的经济学含义，因为能源转型突破分岔点与否，经济可持续性和经济增长特征会发生质变。因此，如何识别能源转型的分岔点是本书的第二个核心问题。

最后，在识别出能源转型分岔点的基础上，如何量化能源转型对经济系统的影响是第三个核心问题。能源转型对经济系统的影响，又称能源转型的经济可持续效应，它包含两个方面：能源转型对经济可持续性的影响和能源转型对经济增长的影响。

一　研究结论与政策启示

围绕上述三个核心问题，本书从理论层面和实证层面来进行研究。在理论层面，主要包括：①基于要素替代弹性的概念构建成本函数形式的要素替代弹性测度方法，分情形讨论能源要素与资本、劳动要素的替代弹性在稳态变迁前后的变动；②在分岔理论的基础上构建能源转型经济模型并求解出人均消费的最优时间路径，以此为基础识别出能源转型的分岔点并探讨影响分岔点变动的影响因素。在实证层面，主要包括：①构建包含真实储蓄量的 DSGE 模型，结合已有学术研究和中国的现实经济数据，对 DSGE 模型中相关参数进行校准并解释各参数的经济学含义；②基于所构建的 DSGE 模型，展开三个方面的研究：能源转型对经济可持续性和经济增长的影响、敏感性分析和外部冲击对经济可持续增长效应的影响差异。

（一）研究结论

基于理论层面的研究，主要研究结论如下。

资本、劳动与能源要素之间的关系在能源转型稳态变迁前后的确发生变动，具体而言有如下结论。若技术进步为哈罗德技术进步，劳动是被节约的，原路径下劳动与能源之间为互补关系。若新路径下能源价格仍然保持上涨趋势，那么它们二者的互补关系不变，但这种关系的强弱发生变化且取决于能源价格的相对上涨趋势（即新路径下的能源价格上涨趋势相对于原路径下的能源价格上涨趋势）；若新路径下能源价格转变为下降趋势，那么二者之间的互补关系逆转为替代关系。若技术进步为索洛技术进步，资本是被节约的，类似地，原路径下资本与能源是互补的。若新路径下能源价格依旧保持上涨趋势，这两种要素的互补关系不变；反之，两者关系将转变为替代关系。对资本（劳动）而言，当技术进步非哈罗德（非索洛）技术进步时，资本（劳动）是未被节约的，原路径下资本（劳动）与能源之间是替代关系。若新路径下能源价格依旧保持上涨趋势，这两种要素的替代关系不变；反之，两者关系将转变为互补关系。

化石能源使用所导致的负外部性，使经济发展处于一种不可持续状态，但这种状态随着能源转型会发生变化。同时，能源转型本身也会带来一种正外部性，如绿色产业发展会给经济系统带来积极影响。本书理论研究表明：人均消费时序特征会在能源转型分岔点前后表现出两种不同特征，未突破分岔点时人均消费时序递减，突破分岔点之后则人均消费时序递增。这两种特征对应着两种经济发展状态，前者为可不持续的，后者为可持续的。

考虑到中国的外在经济环境可能发生变化，这里分别改变相关经济参数，能源转型的分岔点也随之发生移动。具体来说，可得到以下四个命题。

（1）加快发展可再生能源、提高可再生能源比重将使单位能耗的负外部性被更大幅度地削弱，导致能源转型的分岔点左移；反之，则导致能源转型分岔点右移。

（2）更高资本产出的弹性所引致的产出增加和人均消费提升，使经济发展处在不可持续状态时的人均消费变动趋势更为平坦，分岔点左移；更高能源产出的弹性不仅引致产出增加，更加大了能源使用所带来的负外部性，使经济发展处在不可持续状态时的人均消费变动趋势更为陡峭，分岔点右移。

（3）单位能耗的负外部性程度提升，导致同等条件下能源使用的负外部性更大，降低真实储蓄量并减少产出，进而降低人均消费。由于负外部性的程度变得更高，可再生能源比重需要更大才能抵消这种增强的负面性，进而使人均消费在时序上递减的区间变得更宽，能源转型分岔点右移。

（4）在不确定因素下，社会贴现率随时间递减，社会贴现率降低导致未来人均可支配收入增加，在更大程度上抵消源自能源使用的负外部性，人均消费递减趋势变得更为平坦，一个较低的可再生能源比重便足以抹平这种递减趋势，最终使能源转型分岔点左移。此外，若考虑可再生能源价值随时间递增的特性，能源转型的分岔点将进一步左移。

基于模拟层面的研究，主要研究结论如下。

本书利用包含真实储蓄量的 DSGE 模型，研究能源转型对经济可持续性、经济增长和能源价格的影响，发现以下三点。

首先，真实储蓄量的变动轨迹在能源转型分岔点右侧发生分岔，能源转型抵达分岔点之前，随着能源转型推进，经济保持增长但经济发展是不可持续的。能源转型抵达分岔点之后，若能源转型突破分岔点，经济增长势头良好的同时经济发展变为可持续的；若未能突破分岔点，则经济增长停滞且经济发展的不可持续性增强。

其次，能源转型下能源均衡价格呈现一个先升后平的变化趋势，这一点与理论分析中的霍特林规则相符。

最后，能源转型的确改变了投入要素之间的关系。具体而言，能源转型抵达分岔点之前，劳动要素与能源要素是一对替代要素，资本要素与能源要素是一对互补要素。在突破情形下，劳动要素与能源要素的替代关系增强，资本要素与能源要素的互补关系也增强；在未突破情形下，劳动要素与能源要素的替代关系减弱，资本要素与能源要素的互补关系减弱并最终逆转为替代关系。

本书利用包含真实储蓄量的 DSGE 模型，改变参数进行敏感性分析，以此来探讨这些参数变动对能源转型的经济可持续增长效应的影响，这些发现与理论分析部分的命题相一致。具体而言，有以下三点。

（1）放缓能源转型速度，一方面，会导致总产出的增长率下降，而且使当前中国经济的不可持续性加强；另一方面，会导致分岔线右移，使不可持续发展的时间相应延长。相反，加快能源转型速度，不仅增大了总产出增长率，同时减弱了经济的不可持续性，更会导致分岔线左移，不可持续发展的时间相应缩短。

（2）降低总能耗增长率，有助于弱化经济不可持续性和提高总产出增长率，同时使能源转型分岔线左移，缩短当前中国不可持续发展的时间。相对地，提高总能耗增长率，则会强化经济的不可持续性和降低总产出增长率，同时使能源转型分岔线右移，延长当前中国不可持续发展的时间。

（3）降低单位能耗污染强度，将减弱经济的不可持续性和保证总产出以一个更快的速度上涨，也将使能源转型分岔线左移，缩短当前中国不可持续发展的时间。提高单位能耗污染强度，会增强经济的不可持续性和导致总产出以一个相对较慢的速度上涨，另外，也将能源转型分岔线右移，使当前中国不可持续发展的时间延长。

本书利用包含真实储蓄量的 DSGE 模型，研究了稳态变迁前后外部冲击对经济可持续增长效应的影响差异，结果表明以下两点。

（1）稳态变迁前后，技术冲击对经济可持续增长效应的影响的确存在明显差异。首先，技术冲击加大了经济增长的潜力，同时也增强经济可持续性。其次，相比于稳态变迁之前，稳态变迁之后技术冲击的影响程度更高。

（2）稳态变迁前后，税收冲击对经济可持续增长效应的影响也存在明显差异。首先，税收冲击虽然引发了经济增长过程中的波动，但同时增强了经济可持续性。其次，稳态变迁发生之后，税收冲击下的经济增长更为稳定，同时税收冲击对经济可持续性的正向影响更强。

（二）政策启示

"构建清洁低碳、安全高效的能源体系"是党的十九大为中国未来能源发展所设定的目标。中国作为世界上最大的能源消耗和碳排放国之一，实现能源体系的清洁化、低碳化、安全化和高效化无疑是一件非常艰巨且意义深远的事情。

结合本书研究，得到如下政策启示。

一方面，化石能源特别是煤炭在能源结构中占比过高，对中国经济的可持续发展是相当不利的。"建设美丽新中国"要求中国的未来发展之路应是绿色的，当前这种经济发展状态与这一目标是相悖的。本书从理论和模拟两个层面验证能源转型必然会导致经济发展由不可持续状态向可持续状态变迁。

另一方面，能源转型是一个漫长的过程，在无国家干预的条件下，能源转型过程可能需要长达一个世纪甚至更长时间。为促进中国经济的可持续发展，推进能源转型是有必要的。

推进能源转型一个重要的着力点是发展可再生能源，而可再生能源的发展离不开国家政策干预。国家通过适度的政策干预和建立完善的配套机制，有助于加快能源转型进度，缩短不可持续状态所持续的时间和提升经济增长的潜力。

具体而言，政策干预和配套机制设计包含三个方面的内容。首先，国家对光电、风电等可再生能源生产者进行补贴，同时也需要建立和完善相应机制来约束生产者。不同于化石能源，可再生能源首先需要转化为电力，然后才能被生产部门和消费部门使用。在成本上可再生能源是处于劣势的，因此国家需要对光电、风电等生产者进行补贴。然而，补贴政策在制度和管理不健全的背景下容易滋生"套补"行为，即一些生产者会利用政策漏洞来套取国家补贴，因此政府需不断完善相关制度和管理，以发挥补贴政策的应有效力。

其次，借助环保税等政策工具提高化石能源的使用成本，进而减少生产者对化石能源的依赖性。《中华人民共和国环境保护税法》已于 2018 年 1 月 1 日起施行，环保税的开征将会对化石能源的使用产生一定的抑制作用。不过，相比荷兰等拥有丰富环保税实施经验的国家而言，中国才刚刚起步。未来很长一段时间内，不断完善环保税法是一个必然过程。更重要的是，环境污染问题的源头之一是化石能源的使用，因此更为完善的环保税法有助于减少生产者对化石能源的依赖。

最后，国家需要制定相关政策来解决可再生能源电力的"上网难"问题。"上网难"问题目前已成为制约可再生能源发展的重要阻碍之一，这一问题也导致"弃光""弃风"现象的发生。不同于煤电，可再生能源发电受限于天气和储能技术等因素，这导致可再生能源的发电峰谷无法与用电峰谷一致。为了解决这一问题，一个可行的突破口是国家出台政策以刺激研发部门不断突破储能技术。

加大节能技术的研发力度、唤醒国民的节能意识和提升高耗能产业的能源利用效率，不仅有助于建立高效的能源体系和降低总能耗的增长率，也将缩短不可持续状态所持续的时间。

目前，中国是世界上能源消耗量最大的国家之一，2019 年总能源消费量已高达 48.7 亿吨标准煤。为了降低总能耗的增长率，这里存在两点可为之处。第一，从技术和国民意识着手，不断增强节能潜力[①]。具体包含两个方面，一方面，国家可通过建立基金、出台奖励政策刺激企业、研发部门加大节能技术的研发力度；另一方面，国家可借助宣传、教育等手段唤醒国民的节能意识。

第二，提升高耗能产业[②]的能源利用效率，将直接导致整个工业体系能耗量的下降。高耗能产业一般位于产业链的上游，从产业链分工角度来看，由于高耗能产业为工业生产体系提供了重要的中间产品，这将大量补贴下游行业使用端的能源消耗，进而减少下游产业的能源使用量（胡鞍钢等，2015）。为了提升高耗能产业的能源利用效率，政府可通过给予高耗能企业补贴，以鼓励它们逐步淘汰落后的机器设备、提升能源管理效率。

政府督促中高污染企业安装防污染装置，包括排烟脱硫设备、脱硝设备和废气粉尘处理装置等。同时，环境污染治理需要明确责任，以法律的形式约束企业的污染行为。这些措施将促进节能环保产业、清洁生产产业、可再生能源产业等的发展，降低单位能耗的污染强度，弱化化石能源使用所带来的负外部性，增强绿色产业发展所带来的正外部性，最终实现经济发展更快向可持续状态变迁。

当前中国能源消耗结构中化石能源超过 85%，其中煤炭比重超

---

① 节能技术的研发和国民节能意识的觉醒是一个缓慢的过程，但这两个方面的可塑性和节能潜力是巨大的。例如，节能技术一旦取得质的突破，它将可能大幅度缩减生产部门对能源的使用量和提升能源利用效率。

② 依据国家统计局的划分，高耗能产业包括电热力产业、石油和核燃料加工业、化工制造业、有色金属冶炼业、黑色金属冶炼业和非金属制品业。

过 60%。以煤炭为例，燃煤过程中不止排放大量的二氧化碳，同时也会产生二氧化硫、氧化氮和粉尘，政府督促这些高耗煤行业安装防污染装置将显著降低污染物和碳排放量。

在中国经济增长模式由"粗放式"逐渐转变为"集约式"的背景下，工业部门（特别是高污染行业）所面对的生产约束也必然由"缺乏环境监督约束"转变为"逐步完善的环境监督约束"。污染治理需要明确责任，但以往"谁污染，谁治理"的责任划分模式已引起争议。因为高污染行业多位于产业链上游，这些行业所生产的中间产品为下游低污染行业所使用，若采用"谁污染，谁治理"的模式来划分责任，从整个生产体系的角度来看有失公允。因此，在环境污染治理过程中，国家政府应保持全局观念并不断完善已施行的环保税法，有效地约束企业的污染行为。

二　研究不足和下一步研究方向

本书基于稳态变迁理论和分岔理论研究能源转型对经济系统的影响，为识别能源转型的分岔点和量化能源转型对经济系统所造成的影响提供了可能。在这一新思路的逻辑下，本书构建包含真实储蓄量的 DSGE 模型研究了能源转型对经济可持续性和经济增长的影响，探讨了诸如能源转型速度、总能耗增长率和单位能耗污染强度等因素的变动对能源转型的可持续增长效应的影响，比较研究稳态变迁前后外部冲击对可持续增长效应的影响差异。本书的研究丰富了能源转型背景下投入要素关系理论和能源转型分岔点识别理论，并具体量化了能源转型对经济系统的影响，但也存在以下一些不足。

（一） 研究不足

第一，本研究在构建经济模型过程中，假定外部性已被内部化。外部性包括化石能源使用所造成的负外部性和能源转型推动绿色产业发展所带来的正外部性。在外部性完全内部化的条件下，负外部性归谁负责或正外部性由谁所有是明晰的。比如在可再生能源发展过程中，从整个生命周期来看，它也会导致环境污染，然而，如果外部性已完全内部化，那么这类污染所导致的负外部性是"有主"的。当前中国此类外部性问题的内部化仍处于摸索阶段，例如碳排放权交易正在"试点"，全国层面的碳交易市场并未实现，但由于无法构建合适的方程来刻画未完全内部化的外部性，因此本书研究暂未放开这一假设。

第二，能源转型过程涉及国家安全战略，无论化石能源还是新能源均与全球化的安全战略紧密相关。从现实视角出发，将安全战略纳入研究体系更能准确地研究能源转型对经济系统的影响，但从研究方法层面来看，国家安全战略是一个广义概念，单纯依靠一个经济变量无法代表国家安全战略。因此，本书研究过程中未能将国家安全战略纳入经济模型之中。

第三，能源转型面临结构性约束，包括技术结构、资源结构和产业结构。在技术结构方面，新能源的发展与储能技术、风电光电技术等的研发密切相关；在资源结构方面，对煤炭、石油、天然气、风能、光能等资源的开发和使用与这些资源的地理分布和储量水平存在关联；在产业结构方面，不同产业对能源的偏好程度存在差异，同时各产业之间又存在不同程度的联系。类似上一个不足，从现实视角出发，将这三大结构纳入经济模型会得出一个更为精细的结论，但从研究方法层面来看，若想将结构性约束纳入经济模型需要构建成百上千个方程，包含更多的经济变量并确保整个经济模型是闭合的。这是一件非常棘手的事情，因此本研究未能将结构性约束纳入经济模型之中。

第四，中国能源转型处于全球形势瞬息万变的背景之下，这些形势包括国际原油价格近几年已发生过"过山车"式的变动、全球气候变暖问题促使《巴黎协定》不断推进、美国能源政策的调整、中国贸易结构的变动、国际贸易形势等。本书所设计的经济模型是一个封闭的经济模型，这与中国的现实经济不符，如何将这些复杂形势转变为一种可观测指标，并最终纳入经济模型中是一个大问题。

（二）下一步研究方向

接下来的研究中，应逐步复杂化已有的经济模型，使得该经济模型具有更强的经济解释能力。具体而言，下一步研究方向包含以下几个方面。

首先，将本书的经济模型由一个封闭的经济模型转变为一个开放的经济模型。为了实现这一目标，需要：①将化石能源细分，相比于煤炭和天然气，中国石油对外依存度最大，这里将构建一个"石油分析模块"以数学语言刻画中国石油需求与国际石油形势的关系；②最终产品端也设计一个"模块"，中国所生产的最终产品不仅为本国居民所消费或储蓄，同时也将被其他国家的居民消费或储蓄。

其次，本书已构建的经济模型中只将中间产品部门分为"仅使用化石能源"和"仅使用可再生能源"两类。下一步研究将进一步差异化这种划分，如将化石能源细分为煤炭、天然气和石油，将可再生能源细分为光电、风电和水电等。为什么要进一步细分？因为每一种能源的经济结构可能存在差异，如光电是一种分布式的经济结构（类似于完全竞争），而水电则是一种集中式经济结构（类似于垄断），因此有必要进一步差异化这些中间产品部门。

再次，放松外部性已完全内部化的假定，由于本研究中化石能源所产生的负外部性影响主要是指碳排放的影响，理论上，碳排放权交易市场的"试点"区域越广，意味着这类外部性的内部化程度越高。基于这一逻辑，可首先设置一个参数来表示碳排放权交易市场的"试点"程度，然后构建一个包含该参数和负外部性的方程并将它放入中间产品部门模块中。

最后，逐步地将技术结构、资源结构、产业结构和国家安全战略纳入经济模型。由于上述每一类均包含许多子方面，因此下一步研究过程中需要首先将每一类的经济特征精炼出来，然后用数学语言表达。由于纳入这些模块可能会使经济模型无法闭合（即无法得到全局解），故研究结果可能是建立在局部均衡的基础上。

附　录

能源结构变迁图

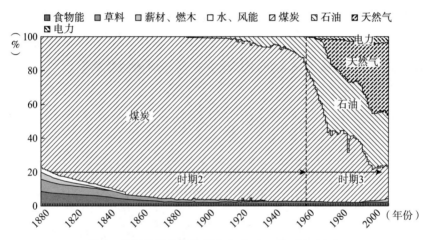

图1　英国能源结构的历史变迁（1800～2010年）

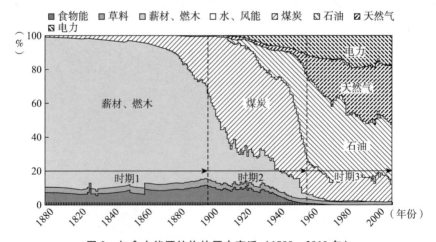

图2　加拿大能源结构的历史变迁（1800～2010年）

公式推导 A：基于成本函数的要素替代弹性推导

假定 $\bar{Y}$ 等于既定总要素成本约束下所能达到的最优产量，既定总成本约束下的最大产量问题的对偶问题可表示为：

$$\text{Min } C = \sum_{i=1}^{N} x_i w_i \tag{A-1}$$

$$\text{s. t. } F(x_1, x_2, \cdots, x_N) = \bar{Y} \tag{A-2}$$

构建拉格朗日函数 $L = \sum_{j=1}^{N} x_j w_j + \lambda [\bar{Y} - F(x_1, x_2, \cdots, x_N)]$，$\lambda$ 为拉格朗日乘数，并求解一阶条件：

$$F(x_1, x_2, \cdots, x_N) = \bar{Y} \tag{A-3}$$

$$\lambda F_j = w_j \tag{A-4}$$

式（A-3）和式（A-4）分别对 w_j 进行求导，可得：

$$0 \quad + F_1 \frac{\mathrm{d} x_1}{\mathrm{d} w_j} + \cdots + F_j \frac{\mathrm{d} x_i}{\mathrm{d} w_j} + \cdots + F_N \frac{\mathrm{d} x_N}{\mathrm{d} w_j} = 0$$

$$\lambda F_1 \frac{\mathrm{d} \lambda}{\mathrm{d} w_j} + \lambda F_{11} \frac{\mathrm{d} x_1}{\mathrm{d} w_j} + \cdots + \lambda F_{1i} \frac{\mathrm{d} x_i}{\mathrm{d} w_j} + \cdots + \lambda F_{Nj} \frac{\mathrm{d} x_N}{\mathrm{d} w_j} = 0$$

$$\vdots \qquad \vdots \qquad \vdots \qquad \vdots \qquad \vdots \qquad \vdots \qquad \vdots$$

$$\lambda F_j \frac{\mathrm{d}\lambda}{\mathrm{d}w_j} + \lambda F_{j1} \frac{\mathrm{d}x_1}{\mathrm{d}w_j} + \cdots + \lambda F_{ji} \frac{\mathrm{d}x_i}{\mathrm{d}w_j} + \cdots + \lambda F_{jN} \frac{\mathrm{d}x_N}{\mathrm{d}w_j} = 1$$

$$\vdots \qquad \vdots \qquad \vdots \qquad \vdots \qquad \vdots \qquad \vdots \qquad \vdots$$

$$\lambda F_N \frac{\mathrm{d}\lambda}{\mathrm{d}w_j} + \lambda F_{N1} \frac{\mathrm{d}x_1}{\mathrm{d}w_j} + \cdots + \lambda F_{Ni} \frac{\mathrm{d}x_i}{\mathrm{d}w_j} + \cdots + \lambda F_{NN} \frac{\mathrm{d}x_N}{\mathrm{d}w_j} = 0$$

$$(A-5)$$

对（A-5）式中的第二行到第（N+1 行）均同时除以 λ，然后依据克莱姆法则（Cramer's Rule）将可以求解 $\frac{\mathrm{d}x_i}{\mathrm{d}w_j}$：

$$\frac{\mathrm{d}x_i}{\mathrm{d}w_j} = \frac{\begin{vmatrix} 0 & F_1 & \cdots & 0 & \cdots & F_N \\ F_1 & F_{11} & \cdots & 0 & \cdots & F_{1N} \\ \vdots & \vdots & \vdots & \vdots & \vdots & \vdots \\ F_j & F_{j1} & \cdots & \frac{1}{\lambda} & \cdots & F_{jN} \\ \vdots & \vdots & \vdots & \vdots & \vdots & \vdots \\ F_N & F_{N1} & & 0 & \cdots & F_{NN} \end{vmatrix}}{\begin{vmatrix} 0 & F_1 & \cdots & F_i & \cdots & F_N \\ F_1 & F_{11} & \cdots & F_{1i} & \cdots & F_{1N} \\ \vdots & \vdots & \vdots & \vdots & \vdots & \vdots \\ F_j & F_{j1} & \cdots & F_{ji} & \cdots & F_{jN} \\ \vdots & \vdots & \vdots & \vdots & \vdots & \vdots \\ F_N & F_{N1} & \cdots & F_{Ni} & \cdots & F_{NN} \end{vmatrix}} = \frac{1}{\lambda} \frac{H_{ij}}{H} \qquad (A-6)$$

由于直接要素替代弹性为 $\sigma_{ij} = \dfrac{\sum_{k=1}^{N} F_k x_k}{x_i x_j} \dfrac{H_{ij}}{H}$，同时 $C = \sum_{k=1}^{N} w_k$，$x_k = \lambda \sum_{k=1}^{N} F_k x_k$，$x_i = \dfrac{\mathrm{d}C(\bar{Y}, w)}{\mathrm{d}w_i}$，故（A-6）式可表述为：

$$\sigma_{ij} = \frac{C}{[\mathrm{d}C(\bar{Y}, w)/\mathrm{d}w_i][\mathrm{d}C(\bar{Y}, w)/\mathrm{d}w_i]} \frac{\mathrm{d}x_i}{\mathrm{d}w_j} \qquad (A-7)$$

式（A-7）即为基于成本函数形式的要素替代弹性。

公式推导 B: 人均消费最优时间路径推导

由于人均消费最优时间路径的推导在三种情形下具有一定的相似性, 因此本附录将重点推导子附录 B - a, 其余两个子附录的推导则突出与第一个子附录有差异的地方。

B - a: 负外部性和能源转型均不存在

基于前述方程, 构建现值汉密尔顿函数:

$$H = \frac{C^{1-\sigma} - 1}{1 - \sigma} + \lambda_K (Y - \delta K - C) + \lambda_S (-E) \qquad (B-1)$$

遵循现值汉密尔顿最优化一阶条件, 得到:

$$H_C = \frac{dH}{dC} = C^{-\sigma} - \lambda_K = 0 \qquad (B-2)$$

$$H_E = \frac{dH}{dE} = \lambda_K \frac{dY}{dE} - \lambda_S = \lambda_K Y_E - \lambda_S = 0 \qquad (B-3)$$

$$\frac{d\lambda_K}{dt} = \dot{\lambda}_K = -\frac{dH}{dK} + \rho \lambda_K = \rho + \delta - Y_K \qquad (B-4)$$

$$\frac{d\lambda_S}{dt} = \dot{\lambda}_S = -\frac{dH}{dS} + \rho \lambda_S = \rho \qquad (B-5)$$

整理上式, 得到:

$$C^{-\sigma} = \lambda_K \qquad (B-6)$$

$$Y_E = \frac{\lambda_S}{\lambda_K} \tag{B-7}$$

$$\frac{\dot{\lambda}_K}{\lambda_K} = \rho + \delta - Y_K \tag{B-8}$$

$$\frac{\dot{\lambda}_S}{\lambda_S} = \rho \tag{B-9}$$

对式（B-6）两边同时取对数，变形为：

$$(-\sigma)\ln C = \ln \lambda_K \tag{B-10}$$

然后两边同时对时间 t 求导：

$$(-\sigma)\frac{\mathrm{d}C/\mathrm{d}t}{C} = \frac{\mathrm{d}\lambda_K/\mathrm{d}t}{\lambda_K} \Rightarrow \frac{\dot{C}}{C} = -\frac{1}{\sigma}\frac{\dot{\lambda}_K}{\lambda_K} \tag{B-11}$$

注意，由式（B-6）向式（B-11）的推导称为"链式法则"，在后面两个子附录中也会使用到。

又因为：

$$\begin{cases} Y_E = \beta K^\alpha E^{\beta-1} = \dfrac{\beta Y}{E} \\ Y_K = \alpha K^{\alpha-1} E^\beta = \dfrac{\alpha Y}{K} \end{cases} \Rightarrow Y_K = \frac{\alpha E}{\beta K} Y_E \tag{B-12}$$

将式（B-12）代入式（B-8），可得：

$$\frac{\dot{\lambda}_K}{\lambda_K} = \rho + \delta - \frac{\alpha E}{\beta K} Y_E \tag{B-13}$$

再将式（B-7）代入式（B-13），进一步变形得到：

$$\frac{\dot{\lambda}_K}{\lambda_K} = \rho + \delta - \frac{\alpha E}{\beta K}\frac{\lambda_S}{\lambda_K} \tag{B-14}$$

最终结合式（B-14）和式（B-11），并将 $\dfrac{1}{\sigma}$ 前面的负号挪入

式子内，便得到人均消费最优时间路径：

$$\dot{C} = \frac{C}{\sigma}\left(\frac{\alpha E}{\beta K}\frac{\lambda_s}{\lambda_K} - \rho - \delta\right) \tag{B-15}$$

B-b：负外部性存在但能源转型不存在

基于前述方程，构建现值汉密尔顿函数：

$$H = \left(\frac{C^{1-\sigma} - 1}{1 - \sigma} + mE\right) + \lambda_K(Y - \delta K - C) + \lambda_s(-E) \tag{B-16}$$

遵循现值汉密尔顿最优化一阶条件，其中 $H_C = 0$，$\dot{\lambda}_K = -\frac{\mathrm{d}H}{\mathrm{d}K} + \rho\lambda_K$ 和 $\dot{\lambda}_s = -\frac{\mathrm{d}H}{\mathrm{d}S} + \rho\lambda_s$ 的表达式与"负外部性和能源转型均不存在"的情形一样，因此这里不再赘述。

差异化的一阶条件为：

$$H_E = m + \lambda_K Y_E - \lambda_s = 0 \Rightarrow Y_E = \frac{\lambda_s - m}{\lambda_K} \tag{B-17}$$

由另外三个一阶条件，可做如下变形：

$$\frac{\dot{C}}{C} = -\frac{1}{\sigma}\frac{\dot{\lambda}_K}{\lambda_K} = \frac{1}{\sigma}(Y_K - \rho - \delta) \tag{B-18}$$

$$\Rightarrow \frac{\dot{C}}{C} = -\frac{1}{\sigma}\frac{\dot{\lambda}_K}{\lambda_K} = \frac{1}{\sigma}\left(\frac{\alpha E}{\beta K}Y_E - \rho - \delta\right) \tag{B-19}$$

将式（B-17）代入式（B-19），得到：

$$\dot{C} = \frac{C}{\sigma}\left[\frac{\alpha E}{\beta K}\frac{(\lambda_s - m)}{\lambda_K} - \rho - \delta\right] \tag{B-20}$$

B-c：负外部性和能源转型均存在

基于前述方程，构建现值汉密尔顿函数：

$$H = \left[\frac{C^{1-\sigma} - 1}{1 - \sigma} + (1 - \gamma) mE \right] + \lambda_K (Y - \delta K - C) + \lambda_S (-E + \gamma \rho S)$$

$$(B-21)$$

类似地，该现值汉密尔顿函数对消费 C 求导并化简得到 $\frac{\dot{C}}{C} =$

$-\frac{1}{\sigma} \frac{\dot{\lambda}_K}{\lambda_K}$；资本存量的动态方程未变化，进而 $\frac{\dot{\lambda}_K}{\lambda_K} = \rho + \delta - Y_K$ 依旧成

立。由于能源转型影响能源消费结构，进而现值汉密尔顿的另外两

个一阶条件发生变化。

第一个差异化的一阶条件：

$$H_E = (1 - \gamma) m + \lambda_K Y_E - \lambda_S = 0 \qquad (B-22)$$

$$\Leftrightarrow Y_E = \frac{\lambda_S - (1 - \gamma) m}{\lambda_K} \qquad (B-23)$$

第二个差异化的一阶条件：

$$\frac{\dot{\lambda}_S}{\lambda_S} = -\frac{\mathrm{d}H}{\mathrm{d}S} + \rho \lambda_S \qquad (B-24)$$

$$\Leftrightarrow \frac{\dot{\lambda}_S}{\lambda_S} = -\gamma \rho + \rho \qquad (B-25)$$

这里结合式（B-25）来解释为什么当能源转型进度 $\gamma = 1$ 时，

可再生能源的再生量应为 ρS。理论上，能源的影子价格变动率应大

于等于 0，若想保证这一点，则当能源系统完全由可再生能源组成

时，$\frac{\dot{\lambda}_S}{\lambda_S} \bigg|_{\gamma = 1} = 0$。这一条件成立，意味着能源的影子价格不再随时间

发生变化。显然，能源系统中只存在可再生能源时，能源储量不再

变化，进而影子价格也不再变化。

类似地，在负外部性和能源转型均存在的背景下，人均消费的

最优时间路径为：

$$\frac{\dot{C}}{C} = -\frac{1}{\sigma}\frac{\dot{\lambda}_K}{\lambda_K} = \frac{1}{\sigma}(Y_K - \rho - \delta) \qquad (B-26)$$

$$\Rightarrow \frac{\dot{C}}{C} = -\frac{1}{\sigma}\frac{\dot{\lambda}_K}{\lambda_K} = \frac{1}{\sigma}\left(\frac{\alpha E}{\beta K}Y_E - \rho - \delta\right) \qquad (B-27)$$

将式（B-23）代入式（B-19），可得：

$$\frac{\dot{C}}{C} = -\frac{1}{\sigma}\frac{\dot{\lambda}_K}{\lambda_K} = \frac{1}{\sigma}\left\{\frac{\alpha E}{\beta K}\frac{[\lambda_S - (1-\gamma)m]}{\lambda_K} - \rho - \delta\right\} \qquad (B-28)$$

B-d：深化后的能源转型经济模型

基于前述方程，构建现值汉密尔顿函数：

$$H = \left[\frac{C^{1-\sigma}-1}{1-\sigma} + (1-\gamma)mE + f'(\gamma E)\right] + \lambda_K(Y - \delta K - C) + \lambda_S(-E + \gamma\rho S) \qquad (B-29)$$

考虑负外部性和能源转型的模型为基准模型，通过改变目标函数，得到深化后的能源转型经济模型，因此现值汉密尔顿函数对消费 C 求导并化简得到 $\frac{\dot{C}}{C} = -\frac{1}{\sigma}\frac{\dot{\lambda}_K}{\lambda_K}$；资本存量的动态方程未变化，进而 $\frac{\dot{\lambda}_K}{\lambda_K} = \rho + \delta - Y_K$ 依旧成立；能源存量的动态方程也未变化，故 $\frac{\dot{\lambda}_S}{\lambda_S} = -\gamma\rho + \rho$ 也成立。

唯一的差异化一阶条件为：

$$H_E = (1-\gamma)m - \mathrm{d}f' + \lambda_K Y_E - \lambda_S = 0 \qquad (B-30)$$

$$\Rightarrow Y_E = \frac{\lambda_S - (1-\gamma)m + \mathrm{d}f'}{\lambda_K} \qquad (B-31)$$

类似地，深化后的能源转型经济模型中人均消费的最优时间路径为：

$$\frac{\dot{C}}{C} = -\frac{1}{\sigma}\frac{\dot{\lambda}_K}{\lambda_K} = \frac{1}{\sigma}(Y_K - \rho - \delta) \qquad (\text{B}-32)$$

$$\Rightarrow \frac{\dot{C}}{C} = -\frac{1}{\sigma}\frac{\dot{\lambda}_K}{\lambda_K} = \frac{1}{\sigma}\left(\frac{\alpha E}{\beta K} Y_E - \rho - \delta\right) \qquad (\text{B}-33)$$

将式（B-31）代入式（B-33），即可得到：

$$\frac{\dot{C}}{C} = -\frac{1}{\sigma}\frac{\dot{\lambda}_K}{\lambda_K} = \frac{1}{\sigma}\left\{\frac{\alpha E}{\beta K}\frac{[\lambda_s - (1-\gamma)m + \mathrm{d}f']}{\lambda_K} - \rho - \delta\right\} \qquad (\text{B}-34)$$

公式推导 C：DSGE 模型中的相关推导

C–a：居民部门各变量一阶偏导的推导过程

基于居民部门包含总效用方程和约束方程，构建如下拉格朗日函数：

$$
L = \sum_{t=0}^{T} \rho^t \left\{
\begin{array}{c}
\chi \ln(C_t) + (1-\chi)\ln(1-LS_t-L_t) - (1-\gamma)E_t\,\epsilon_E \\
- \lambda_t^c [C_t + K_{t+1} - (1-\delta_K)K_t + T_t - R_t K_t - W_t H_t L_t - J_t E_t] \\
- \lambda_t^h [H_{t+1} - (1-\delta_H)H_t - D_t(LS_t)^\theta]
\end{array}
\right\}
$$

$$(C-1)$$

在求解上述最大化问题时，需要注意一点：约束方程是对每一期进行定义的，同时当期资本形成或人力资本附加形成只与上一期值存在直接关系，因此这里只需要考虑任意两期的约束方程，故式（C-1）改写为：

$$
L = \left\{
\begin{array}{c}
\rho^t [\chi \ln(C_t) + (1-\chi)\ln(1-LS_t-L_t) - (1-\gamma)E_t\,\epsilon_E] \\
- \lambda_t^c \rho^t [C_t + K_{t+1} - (1-\delta_K)K_t + T_t - R_t K_t - W_t H_t L_t - J_t E_t] \\
- \lambda_t^h \rho^t [H_{t+1} - (1-\delta_H)H_t - D_t(LS_t)^\theta] \\
- \lambda_{t-1}^c \rho^{t-1} [C_{t-1} + K_t - (1-\delta_K)K_{t-1} + T_{t-1} - R_{t-1}K_{t-1} - W_{t-1}H_{t-1}L_{t-1} - J_{t-1}E_{t-1}] \\
- \lambda_{t-1}^h \rho^{t-1} [H_t - (1-\delta_H)H_{t-1} - D_{t-1}(LS_{t-1})^\theta]
\end{array}
\right\}
$$

$$(C-2)$$

基于式（C-2）分别对消费 C_t、劳动 L_t、学习时间 LS_t、资本 K_t、人力资本附加 H_t 和能源 E_t 求偏导，可得：

$$\rho^t \left(\frac{\chi}{C_t} - \lambda_t^c \right) = 0 \qquad\qquad (C-3)$$

$$\rho^t \left(-\frac{1 - \chi}{1 - L_t - LS_t} + \lambda_t^c W_t H_t \right) = 0 \qquad\qquad (C-4)$$

$$\rho^t \left(-\frac{1 - \chi}{1 - L_t - LS_t} + \theta \lambda_t^h D_t (LS_t)^{\theta-1} \right) = 0 \qquad\qquad (C-5)$$

$$-\rho^{t-1} \lambda_{t-1}^c - \lambda_t^c \rho^t (\delta_K - R_t - 1) = 0 \qquad\qquad (C-6)$$

$$-\rho^{t-1} \lambda_{t-1}^h + \rho^t [\lambda_t^c W_t L_t - (\delta_H - 1) \lambda_t^h] = 0 \qquad\qquad (C-7)$$

$$\rho^t [J_t \lambda_t^c - (1 - \gamma) \epsilon_E] = 0 \qquad\qquad (C-8)$$

将式（C-3）、式（C-4）、式（C-5）和式（C-8）中的 ρ^t 消除，即得到：

$$\frac{\chi}{C_t} = \lambda_t^c \qquad\qquad (C-9)$$

$$\frac{1 - \chi}{1 - L_t - LS_t} = \lambda_t^c W_t H_t \qquad\qquad (C-10)$$

$$\frac{1 - \chi}{1 - L_t - LS_t} = \theta \lambda_t^h D_t (LS_t)^{\theta-1} \qquad\qquad (C-11)$$

$$J_t \lambda_t^c = (1 - \gamma) \epsilon_E \qquad\qquad (C-12)$$

另外，将式（C-6）和（C-7）中的等式两边同时除以 ρ^t，即得到：

$$\lambda_{t-1}^c = -\lambda_t^c \rho (\delta_K - R_t - 1) \qquad\qquad (C-13)$$

$$\lambda_{t-1}^h = \rho [\lambda_t^c W_t L_t - (\delta_H - 1) \lambda_t^h] \qquad\qquad (C-14)$$

C-b：要素需求价格加总的推导过程

由于三种要素（资本、劳动和能源）的推导过程具有相似性，考虑篇幅原因，下面将以能源要素为例详细地推导，其他两种要素需求价格的加总在本小节中只作简要说明。

首先，居民部门的能源要素供给价格和中间产品部门的能源要素需求价格存在如下关系：

$$J_t E_t = JF_t EF_t + JN_t EN_t \qquad (C-15)$$

同时，传统型企业能源要素投入量 $EF_t = \gamma E_t$，环境友好型企业能源要素的投入量为 $EN_t = (1 - \gamma) E_t$，将这两个式子代入式（C-15）并同时消除等式两边的相同项 E_t，即得到：

$$J_t = \gamma JF_t + (1 - \gamma) JN_t \qquad (C-16)$$

类似地，这里也可以得到资本和劳动要素的供给价格和需求价格的相关关系：$R_t = \gamma RF_t + (1 - \gamma) RN_t$ 和 $W_t = \gamma WF_t + (1 - \gamma) WN_t$。

原文中已经求解出中间产品部门的能源要素需求价格，即传统型企业的能源要素需求价格为：

$$JF_t = (1 - \alpha - \beta)(dM) FP_t A_t (KF_t)^{\alpha - 1} (H_t LF_t)^{\beta} (EF_t)^{-\alpha - \beta} \qquad (C-17)$$

环境友好型企业的能源要素需求价格为：

$$JN_t = (1 - \alpha - \beta)[1 - \Gamma(M_t)] NP_t A_t (KN_t)^{\alpha - 1} (H_t LN_t)^{\beta} (EN_t)^{-\alpha - \beta}$$
$$(C-18)$$

将式（C-17）和式（C-18）代入式（C-16），并对式子进行简化，最终可以得到能源要素供给价格与能源要素需求价格两者的关系式，即这里也完成了对中间产品部门中能源要素需求价格的加总。

$$J_t = (1 - \alpha - \beta)\{(1 - \gamma)(dM) FP_t A_t (KF_t)^{\alpha - 1} (H_t LF_t)^{\beta} (EF_t)^{-\alpha - \beta}$$
$$+ \gamma [1 - \Gamma(M_t)] NP_t A_t (KN_t)^{\alpha - 1} (H_t LN_t)^{\beta} (EN_t)^{-\alpha - \beta}\} \qquad (C-19)$$

同理，遵循能源要素需求价格加总的规则，可得到资本要素的需求价格加总：

$$R_t = \alpha[1 - \Gamma(M_t)]A_t[(1 - \gamma) FP_t (KF_t)^{\alpha-1} (H_t LF_t)^{\beta} (EF_t)^{1-\alpha-\beta}$$
$$+ \gamma NP_t (KN_t)^{\alpha-1} (H_t LN_t)^{\beta} (EN_t)^{1-\alpha-\beta}] \qquad (C-20)$$

劳动要素的需求价格加总：

$$W_t = \beta[1 - \Gamma(M_t)] A_t[(1 - \gamma) FP_t (KF_t)^{\alpha} (H_t LF_t)^{\beta-1} (EF_t)^{1-\alpha-\beta}$$
$$+ \gamma NP_t (KN_t)^{\alpha} (H_t LN_t)^{\beta-1} (EN_t)^{1-\alpha-\beta}] \qquad (C-21)$$

参考文献

[1] Abdelbaki, C., Sana, E. J., "An ARDL Approach to the CO_2 Emissions, Renewable Energy and Economic Growth Nexus: Tunisian Evidence", *International Journal of Hydrogen Energy* 42 (48), 2017, pp. 29056 – 29066.

[2] Ahmad, N., Derrible, S., "An Information Theory Based Robustness Analysis of Energy Mix in US States", *Energy Policy* 120, 2018, pp. 167 – 174.

[3] Allen, R. G. D., *Mathematical Analysis for Economists* (London: Macmillian & Co. Ltd., 1938).

[4] Alper, A., Oguz, O., "The Role of Renewable Energy Consumption in Economic Growth: Evidence from Asymmetric Causality", *Renewable and Sustainable Energy Reviews* 60, 2016, pp. 953 – 959.

[5] Andreasen, K. P., Sovacool, B. K., "Hydrogen Technological Innovation Systems in Practice: Comparing Danish and American Approaches to Fuel Cell Development", *Journal of Cleaner Production* 94, 2015, pp. 359 – 368.

[6] Annicchiarico, B., Di Dio, F., "Environmental Policy and Macroeconomic Dynamics in a New Keynesian Model", *Journal of Envi-*

ronmental Economics and Management 69, 2015, pp. 1 – 21.

[7] Antinolfi, G., Keister, T., Shell, K., "Growth Dynamics and Returns to Scale: Bifurcation Analysis", *Journal of Economic Theory* 96 (1 –2), 2001, pp. 70 – 96.

[8] Apergis, N., Payne, J. E., "Renewable Energy Consumption and Economic Growth: Evidence from a Panel of OECD Countries", *Energy Policy* 38 (1), 2010a, pp. 656 – 660.

[9] Apergis, N., Payne, J. E., "Renewable Energy Consumption and Growth in Eurasia", *Energy Economic* 32 (6), 2010b, pp. 1392 – 1397.

[10] Apergis, N., Salim, R., "Renewable Energy Consumption and Unemployment: Evidence from a Sample of 80 Countries and Nonlinear Estimates", *Applied Economics* 47 (52), 2015, pp. 5617 – 4133.

[11] Arrow, K., Dasgupta, P., Goulder, L., et al., "Are We Consuming Too Much", *Journal of Economic Perspectives* 18 (3), 2004, pp. 147 – 172.

[12] Arrow, K. J., Cline, W. R., Maler, K., *Intertemporal Equity, Discounting, and Economic Efficiency* (Cambridge UK: Cambridge University Press, 1996).

[13] Arrow, K. J., Dasgupta, P., Goulder, L. H., et al., "Sustainability and the Measurement of Wealth", *Environment and Development Economics* 17 (3), 2012, pp. 317 – 353.

[14] Aruoba, S. B., Bocola, L., Schorfheide, F., "Assessing DSGE Model Nonlinearities", *Journal of Economic Dynamics and Control* 83, 2017, pp. 37 – 39.

[15] Autio, E., "Evaluation of RTD in Regional Systems of Innovation",

European Planning Studies 6, 1998, pp. 131 – 140.

[16] Balcilar, M., Ozdemir, Z. A., Ozdemir, H., et al., "The Re-
newable Energy Consumption and Growth in the G – 7 Countries: Ev-
idence from Historical Decomposition Method", *Renewable Energy*
126, 2018, pp. 454 – 597.

[17] Balke, N. S., Brown, S. P. A., "Oil Supply Shocks and the
U. S. Economy: An Estimated DSGE Model", *Energy Policy* 116,
2018, pp. 357 – 372.

[18] Barnett, W. A., Ghosh, T., "Bifurcation Analysis of an Endog-
enous Growth Model", *The Journal of Economic Asymmetries* 10
(1), 2013, pp. 53 – 64.

[19] Basiago, A. D., "Economic, Social, and Environmental Sustain-
ability in Development Theory and Urban Planning Practice", *The
Environmentalist* 19, 1999, pp. 145 – 161.

[20] Beha, A., Stevens, M., "The Allen/Uzawa Elasticity of Substi-
tution under Non-constant Returns to Scale", 2009, https://
works. bepress. com/alberto_behar/13/.

[21] Bergek, A., Jacobsson, S., Carlsson, B., et al., "Analyzing
the Functional Dynamics of Technological Innovation Systems: A
Scheme of Analysis", *Research Policy* 37 (3), 2008, pp. 407 – 429.

[22] Bhattacharya, M., Paramati, S. R., Ozturk, I., et al., "The
Effect of Renewable Energy Consumption on Economic Growth: Ev-
idence from Top 38 Countries", *Applied Energy* 162, 2016,
pp. 733 – 741.

[23] Biggs, R., Blenckner, T., Folke, C., et al., "*Regime Shifts*",
in Hastings, A., Gross, L. (eds.), *Encyclopedia of Theoretical
Ecology* (California: California University of California Press,

2012).

[24] Bowden, N. , Payne, J. , "Sectoral Analysis of the Causal Rela-tionship between Renewable and Non-Renewable Energy Consump-tion and Real Output in the US", *Energy Sources*, *Part B*: *Eco-nomics*, *Planning*, *and Policy* 5 (4), 2010, pp. 400 – 408.

[25] Cai, Y. , Sam, C. Y. , Chang, T. , "Nexus between Clean En-ergy Consumption, Economic Growth and CO_2 Emissions", *Jour-nal of Cleaner Production* 182, 2018, pp. 1001 – 1011.

[26] Caniëls, M. C. J. , Romijn, H. A. , "Strategic Niche Management: Towards a Policy Tool for Sustainable Development", *Technology Analysis & Strategic Management* 20 (2), 2008, pp. 245 – 266.

[27] Carpenter, S. R. , "Regime Shifts in Lake Ecosystems: Pattern and Variation, Volume 15 of 'Excellence in Ecology'", *Interna-tional Ecology Institute* 2003.

[28] Carpenter, S. R. , Brock, W. A. , "Rising Variance: A Leading In-dicator of Ecological Transition", *Ecology Letter* 9 (3), 2006, pp. 308 – 315.

[29] Chapin, F. S. , Kofinas, G. P. , Folke, C. , *Principles of Eco-system Stewardship*: *Resilience-based Natural Resource Management in a Changing World* (Newyork: Springer, 2009).

[30] Chi, C. , Ma, T. , Zhu, B. , "Towards a Low-carbon Economy: Coping with Technological Bifurcations with a Carbon Tax", *Energy Economics* 34 (6), 2012, pp. 2081 – 2088.

[31] Choumert Nkolo, J. , Combes Motel, P. , Guegang Djimeli, C. , "Income-generating Effects of Biofuel Policies: A Meta-analysis of the CGE Literature", *Ecological Economic* 147, 2018, pp. 230 – 242.

[32] Chung C. , "Technological Innovation Systems in Multi-level Gov-

ernance Frameworks: The Case of Taiwan's Biodiesel Innovation System (1997 – 2016)", *Journal of Cleaner Production* 184, 2018, pp. 130 – 142.

[33] Coenen, L., Benneworth, P., Truffer, B., "Toward a Spatial Perspective on Sustainability Transitions", *Research Policy* 41 (6), 2012, pp. 968 – 979.

[34] Commendatore, P., Kubin, I., Sushko, I., "Dynamics of a Developing Economy with a Remote Region: Agglomeration, Trade Integration and Trade Patterns", *Communications in Nonlinear Science and Numerical Simulation* 58, 2018, pp. 303 – 327.

[35] Consolo, A., Favero, C. A., Paccagnini, A., "On the Statistical Identification of DSGE Models", *Journal of Econometric* 150, 2009, pp. 99 – 115.

[36] Cooke, P., Uranga, M. G., Etxebarria, G., "Regional Innovation Systems: Institutional and Organisational Dimensions", *Research Policy* 26, 1997, pp. 475 – 491.

[37] Cooke, P., "Regional Innovation Systems: General Findings and Some New Evidence from Biotechnology Clusters", *Journal of Technology Transfer* 27, 2002, pp. 133 – 145.

[38] Cooke, P., "Regional Innovation Systems: Development Opportunities from the 'Green Turn'", *Technology Analysis & Strategic Management* 22 (7), 2010, pp. 831 – 844.

[39] Cox, E., "Assessing Long-term Energy Security: The Case of Electricity in the United Kingdom", *Renewable and Sustainable Energy Reviews* 82, 2018, pp. 2287 – 2299.

[40] Crépin, A-S., Biggs, R., Polasky, S., et al., "Regime Shifts and Management", *Ecological Economics* 84, 2012, pp. 15 – 22.

[41] Dakos, V., Scheffer, M., Van Nes, E. H., et al., "Slowing Down as an Early Warning Signal for Abrupt Climate Change", *Proceedings of the National Academy Science of the United States of American* 105 (38), 2008, pp. 14308 – 14312.

[42] de Melo, C. A., Jannuzzi, G. M., Bajay, S. V., "Nonconventional Renewable Energy Governance in Brazil: Lessons to Learn from the German Experience", *Renewable and Sustainable Energy Reviews* 61, 2016, pp. 222 – 234.

[43] Destek, M. A., "Renewable Energy Consumption and Economic Growth in Newly Industrialized Countries: Evidence from Asymmetric Causality Test", *Renewable Energy* 95, 2016, pp. 478 – 484.

[44] Di Lucia, L., Ericsson, K., "Low-carbon District Heating in Sweden – Examining a Successful Energy Transition", *Energy Research & Social Science* 4, 2014, pp. 10 – 20.

[45] Duan, H., Wang, S., "Potential Impacts of China's Climate Policies on Energy Security", *Environmental Impact Assessment Review* 71, 2018, pp. 94 – 101.

[46] Durand-Lasserve, O., Pierru, A., Smeers, Y., "Uncertain Long-run Emissions Targets, CO_2 price and Global Energy Transition: A General Equilibrium Approach", *Energy Policy* 38 (9), 2010, pp. 5108 – 5122.

[47] EEA. *Directive 2001/77/EC of the European Parliament and of the Council of 23 of April 2009 on the Promotion of the Use of Energy from Renewable Sources and Amending and Subsequently Repealing Directives 2001/77/EC and 2003/30/EC* (Brussels: European Enviroment Agency, 2009).

[48] Elmustapha, H., Hoppe, T., Bressers, H., "Comparing Two

Pathways of Strategic Niche Management in a Developing Economy: The Cases of Solar Photovoltaic and Solar Thermal Energy Market Development in Lebanon", *Journal of Cleaner Production* 186, 2018, pp. 155 – 167.

[49] Elzen, B. , Geels, F. W. , Green, K. , *System Innovation and the Transition to Sustainability. Theory, Evidence and Policy* (Cheltenham: Edward Elgar, 2004) .

[50] Elzen, B. , Geels, F. W. , Leeuwis, C. S. , et al. , "Normative Contestation in Transitions 'in the Making': Animal Welfare Concerns and System Innovation in Pig Husbandry (1970 – 2008)", *Research Policy* 40, 2011, pp. 263 – 275.

[51] EPA, *Technical Support Document: Technical Update of the Social Cost of Carbon for Regulatory Impact Analysis-Under Executive Order 12866* (Washington DC: United States Environmental Protection Agency, 2016) .

[52] EU, *Report on Critical Raw Materials and the Circular Economy Commission Staff Working Document SWD* (2018) 36 *Final* (Brussel: European Commission, 2018) .

[53] Ferreira, S. , Vincent, J. R. , "Genuine Savings: Leading Indicator of Sustainable Development ?", *Economic Development and Cultural Change* 53 (3), 2005, pp. 737 – 754.

[54] Ferreira, S. , Hamilton, K. , Vincent, J. R. , "Comprehensive Wealth and Future Consumption: Accounting for Population Growth", *The World Bank Economic Review* 22 (2), 2008, pp. 233 – 248.

[55] Filatova, T. , Polhill, J. G. , Ewijk, S. V. , "Regime Shifts in Coupled Socio-environmental Systems: Review of Modelling Challenges and Approaches", *Environmental Modelling & Software* 75,

2016, pp. 333 – 347.

[56] FMENCNS, *EEG-the Renewable Energy Sources Act*: *The success Story of Sustainable Policies for Germany* (Berlin: Federal Ministry for the Environment, Nature Conservation and Nuclear Safety, 2007).

[57] Fouquet, R., Pearson, P. J. G., "Past and Prospective Energy Transitions: Insights from History", *Energy Policy* 50, 2012, pp. 1 – 7.

[58] Gales, B., Kander, A., Malanima, P., et al., "North versus South: Energy Transition and Energy Intensity in Europe over 200 Years", *European Review of Economic History* 11 (2), 2007, pp. 219 – 253.

[59] Galvão, A. B., Giraitis, L., Kapetanios, G., et al., "A Time Varying DSGE Model with Financial Frictions", *Journal of Empirical Finance* 38, 2016, pp. 690 – 716.

[60] Gardini, L., Sushko, I., Naimzada, A. K., "Growing through Chaotic Intervals", *Journal of Economic Theory* 143 (1), 2008, pp. 541 – 557.

[61] Garmendia, E., Prellezo, R., Murillas, A., et al., "Weak and Strong Sustainability Assessment in Fisheries", *Ecological Economics* 70, 2010, pp. 96 – 106.

[62] Geels, F. W., "From Sectoral Systems of Innovation to Socio-Technical Systems", *Research Policy* 33 (6 – 7), 2004, pp. 897 – 920.

[63] Geels, F. W., "Ontologies, Socio-technical Transitions (to Sustainability), and the Multi-level Perspective", *Research Policy* 39 (4), 2010, pp. 495 – 510.

[64] Geels, F. W., "The Multi-level Perspective on Sustainability

Transitions: Responses to Seven Criticisms", *Environmental Innovation and Societal Transitions* 1 (1), 2011, pp. 24 – 40.

[65] Glynn, J., Chiodi, A., Ó Gallachóir, B., "Energy Security Assessment Methods: Quantifying the Security Co-benefits of Decarbonising the Irish Energy System", *Energy Strategy Reviews* 15, 2017, pp. 72 – 88.

[66] Golubitsky, M., Schaeffer, D., "A Theory for Imperfect Bifurcation via Singularity Theory", *Communications on Pure and Applied Mathematics* 32, 1979, pp. 21 – 98.

[67] Gozgor, G., Lau, C. K. M., Lu, Z., "Energy Consumption and Economic Growth: New Evidence from the OECD Countries", *Energy* 153, 2018, pp. 27 – 34.

[68] Greasley, D., Hanley, N., Kunnas, J., et al., "Testing Genuine Savings as a Forward-looking Indicator of Future Well-being over the (very) Long-run", *Journal of Environmental Economics and Management* 67 (2), 2014, pp. 171 – 188.

[69] Guivarch, C., Monjon, S., "Identifying the Main Uncertainty Drivers of Energy Security in a Low-carbon World: The Case of Europe", *Energy Economics* 64, 2017, pp. 530 – 541.

[70] Hache, E., "Do Renewable Energies Improve Energy Security in the Long Run?" *International Economics* 156, 2018, pp. 127 – 135.

[71] Halkos, G. E., Tzeremes, N. G., "Renewable Energy Consumption and Economic Efficiency: Evidence from European Countries", *Journal of Renewable and Sustainable Energy* 5, 2013, 041803.

[72] Hamilton, J. D., "Macroeconomic Regimes and Regime Shifts", in John B. Taylor, Harald Uhlig (eds.), Chapter 3 of *Handbook of Macroeconomics* (Netherlands: Elsevier, 2016).

[73] Hamilton, K. , "Green Adjustments to GDP", *Resources Policy* 20 (3), 1994, pp. 155 – 168.

[74] Hamilton, K. , *Genuine Saving as a Sustainability Indicator* (Washington DC: World Bank, Environment Department papers No. 77, 2000).

[75] Hammerschmid, R. , Lohre, H. , "Regime Shifts and Stock Return Predictability", *International Review of Economics & Finance* 56, 2018, pp. 138 – 160.

[76] Hanley, N. , Dupuy, L. , McLaughlin, E. , *Genuine Savings and Sustainability* (St Andrews, University of St. Andrews, Discussion Papers in Environmental Economics 2014 – 09, 2014).

[77] Hartwick, J. M. , "Intergenerational Equity and the Investing of Rents from Exhaustible Resources", *American Economic Review* 67 (5), 1977, pp. 972 – 974.

[78] He, Y. , Barnett, W. A. , "Singularity Bifurcations", *Journal of Macroeconomics* 28 (1), 2006, pp. 5 – 22.

[79] Heckman, J. J. , "A Life-Cycle Model of Earnings, Learning, and Consumption", *Journal of Political Economy* 84 (4, Part 2), 1976, S9 – S44.

[80] Henningsen, A. , "Introduction to Econometric Production Analysis with R", 2014 [02], https://leanpub. com/ProdEconR (english).

[81] Heutel, G. , "How Should Environmental Policy Respond to Business Cycles? Optimal Policy under Persistent Productivity Shocks", *Review of Economic Dynamics* 15 (2), 2012, pp. 244 – 264.

[82] Hicks, J. , *The Theory of Wages* (London: Palgrave Macmillan, 1932).

[83] Hofman, P. S. , Elzen, B. , "Exploring System Innovation in the

Electricity System through Socio-technical Scenarios", *Technology Analysis & Strategic Management* 22 (6), 2010, pp. 653 – 670.

[84] Hoogma, R. , Kemp, R. , Schot, J. , et al. , *Experimenting for Sustainable Transport. The Approach of Strategic Niche Management* (London: Spon Press, 2002).

[85] Hotelling, H. , "The Economics of Exhaustible Resources", *The Journal of Political Economy* 39 (2), 1931, pp. 137 – 175.

[86] Huenteler, J. , Schmidt, T. S. , Kanie, N. , "Japan's Post-Fukushima Challenge-implications from the German Experience on Renewable Energy Policy", *Energy Policy* 45, 2012, pp. 6 – 11.

[87] IEA, *World Energy Outlook* 2017 (Paris, IEA Publications, 2017).

[88] Inglesi-Lotz, R. , "The Impact of Renewable Energy Consumption to Economic Growth: A Panel Data Application", *Energy Economics* 53, 2016, pp. 58 – 63.

[89] Jacobsson, S. , "The Emergence and Troubled Growth of 'Biopower' Innovation System in Sweden", *Energy Policy* 36, 2008, pp. 1491 – 1508.

[90] Kander, A. , Malanima, P. , Warde, P. , *Power to the People: Energy in Europe Over the Last Five Centuries* (United Kingdom: Princeton University Press, 2013).

[91] Kemp, R. , Schot, J. , Hoogma, R. , "Regime Shifts to Sustainability through Processes of Niche Formation: The Approach of Strategic Niche Management", *Technology Analysis and Strategic Management* 10 (2), 1998, pp. 175 – 198.

[92] Kemp, R. , Rip, A. , Schot, J. , "Constructing Transition Paths through the Management of Niches", in R. Garud and P. Karnøe

(eds.), *Path Dependence and Creation* (London: Lawrence Erlbaum, 2001).

[93] Kinzig, A. P., Ryan, P., Etienne, M., et al., "Resilience and Regime Shifts: Assessing Cascading Effects", *Ecology and Society* 11 (1), 2006, pp. 1 – 20.

[94] Kleinen, T., Held, H., Petschel-Held, G., "The Potential Role of Spectral Properties in Detecting Thresholds in the Earth System: Application to the Thermohaline Circulation", *Ocean Dynamics* 53 (2), 2003, pp. 53 – 63.

[95] Ko, J-H., Morita, H., "Fiscal Sustainability and Regime Shifts in Japan", *Economic Modelling* 46, 2015, pp. 364 – 375.

[96] La Viña, A. G. M., Tan, J. M., Guanzon, T. I. M., et al., "Navigating a Trilemma: Energy Security, Equity, and Sustainability in the Philippines' Low-carbon Transition", *Energy Research & Social Science* 35, 2018, pp. 37 – 47.

[97] Le Quéré, C., Andrew, R. M., Friedlingstein, P., et al., "Global Carbon Budget 2017", *Earth System Science Data* 10 (1), 2018, pp. 405 – 448.

[98] Lin, B., Moubarak, M., "Renewable Energy Consumption-Economic Growth Nexus for China", *Renewable and Sustainable Energy Reviews* 40, 2014, pp. 111 – 117.

[99] Liu, Z., Waggoner, D. F., Zha, T., "Sources of Macroeconomic Fluctuations: A Regime-switching DSGE Approach", *Quantitative Economics* 2 (2), 2011, pp. 251 – 301.

[100] Mahapatra, K., Gustavsson, L., Madlener, R., "Bioenergy Innovations: The Case of Wood Pellet Systems in Sweden", *Technology Analysis & Strategic Management* 19 (1), 2007, pp. 99 –

125.

[101] Mattes, J., Huber, A., Koehrsen, J., "Energy Transitions in Small-scale Regions – What We can Learn from a Regional Innovation Systems Perspective", *Energy Policy* 78, 2015, pp. 255 – 264.

[102] Meng, S., Siriwardana, M., McNeill, J., et al., "The Impact of an ETS on the Australian Energy Sector: An Integrated CGE and Electricity Modelling Approach", *Energy Economics* 69, 2018, pp. 213 – 224.

[103] Menke, C., "The Case of Energy Agencies: German Experiences and Lessons Learnt for Thailand and Asia", *International Energy Journal* 7 (4), 2006, pp. 299 – 304.

[104] Mitra, T., Nishimura, K., "Introduction to Intertemporal Equilibrium Theory: Indeterminacy, Bifurcations, and Stability", *Journal of Economic Theory* 96 (1 – 2), 2001, pp. 1 – 12.

[105] Mota, R. P., Domingos, T., "Assessment of the Theory of Comprehensive National Accounting with Data for Portugal", *Ecological Economics* 95, 2013, pp. 188 – 196.

[106] Mundaca, L., Busch, H., Schwer, S., "Successful Low-carbon Energy Transitions at the Community Level? An Energy Justice Perspective", *Applied Energy* 218, 2018, pp. 292 – 303.

[107] Negro, S. O., Hekkert, M. P., "Explaining the Success of Emerging Technologies by Innovation System Functioning: The Case of Biomass Digestion in Germany", *Technology Analysis & Strategic Management* 20 (4), 2008, pp. 465 – 482.

[108] Negro, S. O., Suurs, R. A. A., Hekkert, M. P., "The Bumpy Road of Biomass Gasification in the Netherlands: Explaining the Rise and Fall of an Emerging Innovation System", *Technological*

Forecasting and Social Change 75 (1), 2008, pp. 57 – 77.

[109] Neij, L., Astrand, K., "Outcome Indicators for the Evaluation of Energy Policy Instruments and Technical Change", *Energy Policy* 34 (17), 2006, pp. 2662 – 2676.

[110] O'Connor, P., Cleveland, C., "U. S. Energy Transitions 1780 – 2010", *Energies* 7 (12), 2014, pp. 7955 – 7993.

[111] Ocal, O., Aslan, A., "Renewable Energy Consumption-Economic Growth Nexus in Turkey", *Renewable and Sustainable Energy Reviews* 28, 2013, pp. 494 – 499.

[112] Payne, J. E., "On Biomass Energy Consumption and Real Output in the US", *Energy Sources, Part B: Economics, Planning, and Policy* 6 (1), 2011, pp. 47 – 52.

[113] Pearce, D., Hamilton, K., Atkinson, G., "Measuring Sustainable Development: Progress on Indicators", *Environment and Development Economics* 1 (1), 1996, pp. 85 – 101.

[114] Perman, R., Ma, Y., Common, M., et al., *Natural Resource and Environmental Economics* (3rd Edition) (NewYork: Pearson Education Limited, 2003).

[115] Pillarisetti, J. R., "The World Bank's 'Genuine Savings' Measure and Sustainability", *Ecological Economics* 55 (4), 2005, pp. 599 – 609.

[116] Pohl, H., Yarime, M., "Integrating Innovation System and Management Concepts: The Development of Electric and Hybrid Electric Vehicles in Japan", *Technological Forecasting and Social Change* 79 (8), 2012, pp. 1431 – 1446.

[117] Portney, P. R., Weyant, J. P., *Discounting and Intergeneral Equity* (London: Routledge, 1999).

[118] Proença, S. , St. Aubyn, M. , "Hybrid Modeling to Support Energy-Climate Policy: Effects of Feed-in Tariffs to Promote Renewable Energy in Portugal", *Energy Economics* 38, 2013, pp. 176 – 185.

[119] Radovanović, M. , Filipović, S. , Pavlović, D. , "Energy Security Measurement – A Sustainable Approach", *Renewable and Sustainable Energy Reviews* 68, 2017, pp. 1020 – 1032.

[120] Rafindadi, A. A. , Ozturk, I. , "Impacts of Renewable Energy Consumption on the German Economic Growth: Evidence from Combined Cointegration Test", *Renewable and Sustainable Energy Reviews* 75, 2017, pp. 1130 – 1141.

[121] Raven, R. , "Co-evolution of Waste and Electricity Regimes: Multi-regime Dynamics in the Netherlands (1969 – 2003)", *Energy Policy* 35, 2007, pp. 2197 – 2208.

[122] REN21. *Renewables* 2015 *Global Status Report* (Paris: REN21 Secretariat, 2015).

[123] Rip, A. , Kemp, R. , "Technological Change", in Rayner, S. , Malone, E. L. (eds.), *Human Choice and Climate Change*, Vol. 2 (Columbus: Battelle Press, 1998).

[124] Robinson, J. , *The Economics of Imperfect Competition* (London: Palgrave Macmillan, 1933).

[125] Rodionov, S. N. , "A Brief Overview of the Regime Shift Detection Methods", in *Large-Scale Disturbances (Regime Shifts) and Recovery in Aquatic Ecosystems: Challenges for Management Toward Sustainability* (Varna: Unesco-Roste/Bas Workshop on Regime Shifts, 2005).

[126] Ruggiero, S. , Martiskainen, M. , Onkila, T. , "Understanding the Scaling-up of Community Energy Niches through Strategic

Niche Management Theory: Insights from Finland", *Journal of Cleaner Production* 170, 2018, pp. 581 – 590.

[127] Sadorsky, P. , "Renewable Energy Consumption and Income in Emerging Economies", *Energy Policy* 37 (10), 2009, pp. 4021 – 4028.

[128] Sari, R. , Ewing, B. T. , Soytas, U. , "The Relationship between Disaggregate Energy Consumption and Industrial Production in the United States: An ARDL Approach", *Energy Economics* 30 (5), 2008, pp. 2302 – 2313.

[129] Sbordone, A. M. , Tambalotti, A. , Rao, K. , et al. , "Policy Analysis Using DSGE Models: An Introduction", *Economic and Policy Review* 16 (2), 2010, pp. 23 – 43.

[130] Scheffer, M. , Carpenter, S. , Foley, J. A. , et al. , "Catastrophic Shifts in Ecosystems", *Nature* 413, 2001, pp. 591 – 596.

[131] Schot, J. , Geels, F. W. , "Strategic Niche Management and Sustainable Innovation Journeys: Theory, Findings, Research A-genda, and Policy", *Technology Analysis & Strategic Management* 20 (5), 2008, pp. 537 – 554.

[132] Sebri, M. , "Use Renewables to be Cleaner: Meta-analysis of the Renewable Energy Consumption-Economic Growth Nexus", *Renewable and Sustainable Energy Reviews* 42, 2015, pp. 657 – 665.

[133] Silva, R. A. , West, J. J. , Jean-François, L. , "Future Global Mortality from Changes in Air Pollution Attributable to Climate Change", *Nature Climate Change* 7, 2017, pp. 647 – 651.

[134] Smith, A. , "Translating Sustainabilities between Green Niches and Socio-technical Regimes", *Technology Analysis and Strategic Management* 19, 2007, pp. 427 – 450.

[135] Solomon, B. D. , Krishna, K. , "The Coming Sustainable Energy Transition: History, Strategies, and Outlook", *Energy Policy* 39 (11), 2011, pp. 7422 – 7431.

[136] Sovacool, B. K. , "Contestation, Contingency, and Justice in the Nordic Low-carbon Energy Transition", *Energy Policy* 102, 2017, pp. 569 – 582.

[137] Strunz, S. , "The German Energy Transition as a Regime Shift", *Ecological Economics* 100, 2014, pp. 150 – 158.

[138] Sun, L. , "Regime Shifts in Interest Rate Volatility", *Journal of Empirical Finance* 12 (3), 2005, pp. 418 – 434.

[139] Sun, M. , Li, J. , Gao, C. , et al. , "Identifying Regime Shifts in the US Electricity Market Based on Price Fluctuations", *Applied Energy* 194, 2017, pp. 658 – 666.

[140] Sushandoyo, D. , Magnusson, T. , "Strategic Niche Management from a Business Perspective: Taking Cleaner Vehicle Technologies from Prototype to Series Production", *Journal of Cleaner Production* 74, 2014, pp. 17 – 26.

[141] Tabatabaei, S. M. , Hadian, E. , Marzban, H. , et al. , "Economic, Welfare and Environmental Impact of Feed-in Tariff Policy: A Case Study in Iran", *Energy Policy* 102, 2017, pp. 164 – 169.

[142] Torres, J. L. , *Introduction to Dynamic Macroeconomic General Equilibrium* (Wilmington: Vernon Art and Science Inc. , 2014).

[143] Trostel, P. A. , "The Effect of Taxation on Human Capital", *Journal of Political Economy* 101 (2), 1993, pp. 327 – 350.

[144] UNGA, *Report of the World Commission on Environment and Development: Our Common Future. A/42/427* (United Nations: United Nations General Assembly, 1987).

[145] Unruh, G. C. , "Understanding Carbon Lock-in", *Energy Policy* 28, 2000, pp. 817 – 830.

[146] Uzawa, H. , "Production Functions with Constant Elasticities of Substitution", *Review of Economic Studies* 29 (4), 1962, pp. 291 – 299.

[147] Van Bree, B. , Verbong, G. P. J. , Kramer, G. J. , "Amulti-level Perspective on the Introduction of Hydrogen and Battery-electric Vehicles", *Technological Forecasting and Social Change* 77, 2010, pp. 529 – 540.

[148] Van Eijck, J. , Romijn, H. , "Prospects for Jatropha Biofuels in Tanzania: An Analysis with Strategic Niche Management", *Energy Policy* 36 (1), 2008, pp. 311 – 325.

[149] Verbong, G. , Christiaens, W. , Raven, R. , et al. , "Strategic Niche Management in an Unstable Regime: Biomass Gasification in India", *Environmental Science & Policy* 13 (4), 2010, pp. 272 – 281.

[150] Vincent, J. R. , *Are Greener National Accounts Better* ? (Harvard University, Center for International Development, 2001) .

[151] Wang, B. , Wang, Q. , Wei, Y-M. , et al. , "Role of Renewable Energy in China's Energy Security and Climate Change Mitigation: An Index Decomposition Analysis", *Renewable and Sustainable Energy Reviews* 90, 2018, pp. 187 – 194.

[152] Warde, P. , *Energy Consumption in England & Wales* 1560 – 2000 (Napoli: Istituto di Studi sulle Società del Mediterraneo Paul Warde, 2007) .

[153] Weber, M. , Hoogma, R. , Lane, B. , et al. , *Experimenting with Sustainable Transport Innovations. A Workbook for Strategic*

Niche Management (Enschede: Twente University, 1999).

［154］ WEC, *Global Energy Transitions* (Berlin: World Energy Council, 2014).

［155］ WEC, *World Energy Trilemma* 2016: *Defining Measures to Accelerate the Energy Transition* (Berlin: World Energy Council, 2016).

［156］ Wicki, S., Hansen, E. G., "Clean Energy Storage Technology in the Making: An Innovation Systems Perspective on Flywheel Energy Storage", *Journal Cleaner Production* 162, 2017, pp. 1118 – 1134.

［157］ Wickman, K., "The Energy Market and Energy Policy in Sweden 1965 – 1984", *Energy* 13, 1988, pp. 83 – 96.

［158］ Wiggins, S., *Global Bifurcations and Chaos: Analytical Methods* (New York: Springer, 1988).

［159］ Yao, L., Chang, Y., "Shaping China's Energy Security: The Impact of Domestic Reforms", *Energy Policy* 77, 2015, pp. 131 – 139.

［160］ 国家林业局:《第七次全国森林资源清查及森林资源状况》,《林业资源管理》2010 年第 1 期。

［161］ 国家林业局:《第八次全国森林资源清查及森林资源状况》,《林业资源管理》2014 年第 1 期。

［162］ 郝枫:《超越对数函数要素替代弹性公式修正与估计方法比较》,《数量经济技术经济研究》2015 年第 4 期。

［163］ 胡鞍钢、郑云峰、高宇宁:《中国高耗能行业真实全要素生产率研究 (1995～2010)——基于投入产出的视角》,《中国工业经济》2015 年第 5 期。

［164］ 黄永明、何凌云:《城市化、环境污染与居民主观幸福感——来自中国的经验证据》,《中国软科学》2013 年第 12 期。

［165］ 林伯强、牟敦国:《能源价格对宏观经济的影响——基于可计

算一般均衡（CGE）的分析》,《经济研究》2008 年第 11 期。

[166] 林伯强、李江龙:《环境治理约束下的中国能源结构转变——基于煤炭和二氧化碳峰值的分析》,《中国社会科学》2015 年第 9 期。

[167] 刘昌义:《不确定条件下的贴现理论与递减贴现率》,《经济学家》2015 年第 3 期。

[168] 蒲志仲、刘新卫、毛程丝:《能源对中国工业化时期经济增长的贡献分析》,《数量经济技术经济研究》2015 年第 10 期。

[169] 齐绍洲、李杨:《能源转型下可再生能源消费对经济增长的门槛效应》,《中国人口·资源与环境》2018 年第 2 期。

[170] 秦昌波、王金南、葛察忠:《征收环境税对经济和污染排放的影响》,《中国人口·资源与环境》2015 年第 1 期。

[171] 王华:《中国 GDP 数据修订与资本存量估算:1952～2015》,《经济科学》2017 年第 6 期。

[172] 武晓丽:《环保技术、节能减排政策对生态环境质量的动态效应——基于三部门 DSGE 模型的数值分析》,《中国管理科学》2017 年第 12 期。

[173] 徐旭常、吕俊复、张海:《燃烧理论与燃烧设备》,科学出版社,2012。

[174] 杨翱、刘纪显、吴兴弈:《基于 DSGE 模型的碳减排目标和碳排放政策效应研究》,《资源科学》2014 年第 7 期。

[175] 姚洋、崔静远:《中国人力资本的测算研究》,《中国人口科学》2015 年第 2 期。

[176] 张军:《中国省际物质资本存量估算:1952～2000》,《经济研究》2004 年第 10 期。

[177] 中国石油经济技术研究院:《2020 年国内外油气行业发展报告》,2020。

图书在版编目（CIP）数据

能源转型与经济可持续发展 / 魏巍，王赞信著. --
北京：社会科学文献出版社，2022.1
ISBN 978 - 7 - 5201 - 9576 - 8

Ⅰ.①能… Ⅱ.①魏… ②王… Ⅲ.①能源经济 - 经
济可持续发展 - 研究 - 中国 Ⅳ.①F426.2

中国版本图书馆 CIP 数据核字（2021）第 270835 号

能源转型与经济可持续发展

著　　者／魏　巍　王赞信

出　版　人／王利民
组稿编辑／高　雁
责任编辑／颜林柯
责任印制／王京美

出　　　版／社会科学文献出版社·经济与管理分社（010）59367226
　　　　　　地址：北京市北三环中路甲 29 号院华龙大厦　邮编：100029
　　　　　　网址：www. ssap. com. cn
发　　　行／市场营销中心（010）59367081　59367083
印　　　装／三河市龙林印务有限公司

规　　　格／开　本：787mm × 1092mm　1/16
　　　　　　印　张：15.5　字　数：197 千字
版　　　次／2022 年 1 月第 1 版　2022 年 1 月第 1 次印刷
书　　　号／ISBN 978 - 7 - 5201 - 9576 - 8
定　　　价／128.00 元

本书如有印装质量问题，请与读者服务中心（010 - 59367028）联系